KB126487

중국문화를 알면 中卓 중국이 보인다

중국문화를 알면
중국이 보인다

초판 발행| 2022년 1월 1일

지 은 이| 이창호

펴 낸 이| 이창호
디 자 인| 이보다나
인 쇄 소| 거호 커뮤니케이션

펴 낸 곳| 도서출판 북그루
등록번호| 제2018-000217
주   소| 서울특별시 마포구 토정로 253 2층(용강동)
도서문의| 02) 353-9156

ISBN 979-11-90345-15-6 (02380)

중국문화를 알면
중국이 보인다

이 창 호

중국은 예로부터 문화대
국임을 강조하고 있다. 사실 그들만의 주장이 아니라 중국이 상품화할
수 있는 원천자원으로서 문화 자본이 풍부하다는 것은 부정할 수 없
는 사실이다. 우리에게는 민주주의가 선이고, 무조건 독재는 나쁘다고
단순하게 생각한다. 반면 중국은 사회주의 국가속에서 문화 자본을 활
용하여 경제발전을 추진하고 있는 것은 자연스러운 수순이고 최선의
길이기도 하다.

한국인이 어떻게 하면 중국과 중국인을 보다 잘 이해할 수 있는
가? 그 해답은, '문화에 대한 관심'일 것이다. 중국은 한족과 55개 소
수민족으로 이루어진 다민족국가이다. 중국에서는 공인된 56개 민족
외에도 다양한 민족이 존재한다. 오늘날 중국에서는 중화민족이라는
단일민족 만들기를 하고 있지만, 문화적으로는 여전히 다양하다. 중국
은 지역마다 문화가 다르고, 민족마다 특색이 다르다.

게다가 동일한 민족이라 하더라도 서로 다른 지역에 분포하면 다른

문화풍속을 갖는다. 또 서로 다른 민족이지만 오랫동안 교류하면서 동일한 문화를 갖고 있기도 하다. 그래서 중국문화를 알려면 중국 각 지역, 각 소수민족의 문화에 대해 잘 알고 있어야 한다.

중국은 56개의 다민족으로 이루어졌을 뿐만 아니라 현재 G2로 불릴 정도의 경제강국으로서 주목받는 나라이다. 이에 중국에 관한 이해를 위해 중국인들의 뿌리 깊은 전통문화를 대상으로 중국의 개황, 언어와 문자, 의식주衣食住, 명절, 예술, 혼장례 등을 쉽게 설명하고 있다.

왜 우리는 중국문화를 이해하기 어려울까? 상식으로 여겨지는 것이 서로 다르기 때문이다. 깊은 고민을 바탕으로 오랜 기간 다각적인 시도와 난관을 거쳐 기존 중국문화 관련 서적의 장점은 계승하고 한계는 지양하면서 보다 광범위한 독자들에게 중국의 참모습을 보여줄 수 있는 책을 내놓게 되었다.

이 책에서는 중국 소수민족을 개략적으로 소개하면서 중국의 문자인 한자와 중국하면 빼놓을 수 없는 차와 음식, 가깝게는 중국인들의 생활상 그리고 그들의 여러 문화유산까지 한 번에 둘러볼 수 있다. 극예술의 대표격으로 널리 알려진 경극의 이야기를 흥미롭게 따라가다가 보면 5,000년의 유구한 역사를 배경 삼아 굽이쳐 흐르는 현대를 통해 중국을 깊게 이해할 수 있다.

이 책은, 지리·인구·역사·유물·예술·생활 등 중국을 이해하는 데 알아두어야 할 모든 내용을 흥미롭게 담고자 노력하였다. 특히, 소홀하기 쉬운 동시대의 문화 현상에 대해 세심하게 다루었기 때문에 대체로 과거에 치중했던 기존 서적들에 비해 신선한 느낌을 받기에 충분할 것이다.

중국문화의 이해 폭을 넓히고 보다 알찬 내용을 얻을 수 있도록 하였다. 섬세하고 정교한 표현보다는 풍부한 사진 자료를 통해 중국의 어제와 오늘, 그리고 내일에 더욱 가깝게 다가갈 수 있을 것이다.

이 책은 제1장 찬란한 중국문화, 제2장 중국의 역사, 제3장 중국의 문화, 제4장 중국의 음식, 제5장 중국 여성과 가족제도의 변화, 제6장 중국인의 의식, 제7장 중국인의 가치관, 제8장 중국의 소수민족을 다루고 있다.

이 책의 마지막 페이지를 넘길 즈음 여러분은 중국이 우리와는 사뭇 다른 세상이라고 느낄지도 모른다. 그렇더라도 중국은 한두 가지의 시각이나 입장만으로 정리하기에는 너무나 크고 오래된 나라이기 때문일 것이다. 중국에 한 발자국 더 다가가고자 하는 모든 사람들을 위한, 친절한 안내서가 되기를 희망하는 바이다.

이창호

목차

목차

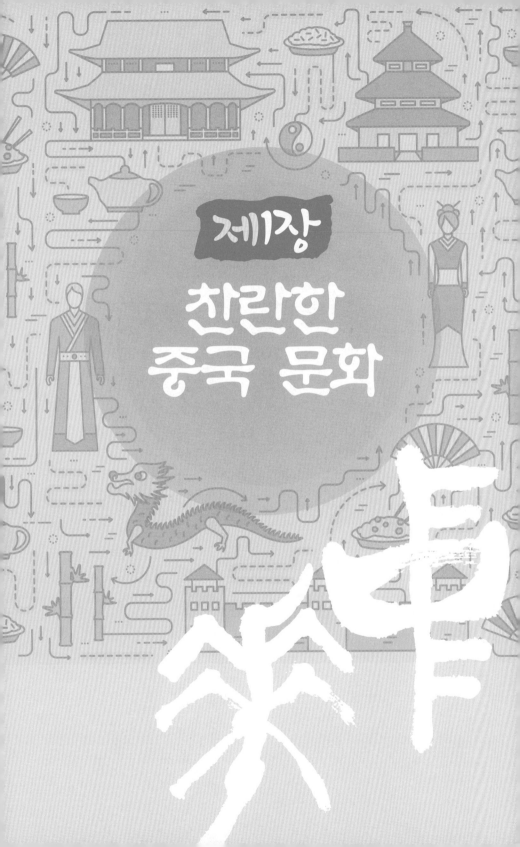

제1장

찬란한
중국 문화

01

단일한

중국

중국中國을 대표하는 두 인물을 꼽으라면 공자와 마오쩌둥을 꼽을 수 있다. 이들은 비록 2500여 년의 시차를 사이에 두고 실존했던 인물이지만 둘 다 중국을 대표한다. 그리고 전 세계 어디서나 중국요리가 중국을 대표한다.

중국은 네 발 가진 것으로 안 먹는 것은 책상뿐이라고 할 정도로 요리가 발달되었다. 중국요리가 발달한 원인에는 절대 왕조의 임금이나 지방 토호들의 입맛에 맞추기 위하여 중국 사람들은 눈에 보이는 모든 것들을 일단 먹을거리의 목록에 올려놓고 그 조리법을 개발했기 때문이다.

중국요리의 체계가 완성된 청나라의 기록에 의하면 중국요리를 4개 지역별로 나누어 광동요리·회양요리·북경요리·사천요리라고 하였다. 그중에서 사천요리四川料理는 중국의 4개 지역의 요리 중에서 내륙

요리의 진수로 중국 서부지역의 요리를 대표하며 양자강 상류의 산악지대인 쓰촨四川, 운남雲南, 귀주貴州지방의 요리를 말한다. 산악지대이기 때문에 향신료, 소금절이, 건조시킨 저장식품이 발달했다.

쓰촨四川 현지에서 맛볼 수 있는 쓰촨요리는 한국의 고급 중식당에서도 '정통 쓰촨요리'로 고가로 판매되고 있지만 중국의 쓰촨四川 현지에서 맛보는 정통 쓰촨요리와 우리나라에서 중화요리가 된 쓰촨요리는 여러 면에서 차이가 있다. 중화요리는 중국과 대만의 중화권과 화교들로부터 발전한 요리가 우리나라의 특색에 맞게 변형된 요리를 부르는 명칭이다. 따라서 중국에서 맛의 대명사로 불리는 쓰촨요리가 우리나라에 들어와 우리나라의 특색에 맞게 조리법이나 재료를 달리했기 때문에 여러 가지로 차이가 있지만 중화요리는 실제로는 중국음식인 것이다.

한국에서 국민 대표음식이 된 짜장면은 본래 베이징北京, 톈진天津, 허베이河北, 허난河南, 산둥山東 등의 화북華北 지역에서 한족들이 '자장'이라는 다소 짠맛이 진한 검정색 소스를 차가운 면 위에 붓고 야채와 곁들여 얹어 먹는 음식이었다. 그런데 한국인이 이러한 짜장면을 먹기 시작한 것은 1883년 이래로 인천항을 통해 국내로 유입된 산둥반도의 중국인 노동자들이 고국의 음식을 재현하여 먹던 것에서 출발하였다. 이후 1905년에 세워진 인천 차이나타운의 '공화춘'이라는 식당에 메뉴로 처음 등장하였으며 이때 한국인들의 입맛에 맞춰 다양한 재료와 캐러멜이 함유된 춘장이 개발되었다.

중국 본토의 '자장몐炸醬麵'을 한국인의 입맛에 맞추어 약간의 달콤한 맛이 나는 지금의 짜장면으로 변형시켜 조리하여 팔기 시작한 데서 비롯된 것이다. 다시 말해 단지 이름만 비슷한 음식일 뿐, 중국의 자장몐과 한국의 짜장면은 음식을 조리하는 방법이나 맛이 서로 다르다. 어떻게 보면 짜장면은 한국에서 새로 발명된 음식으로 봐야 하는 것이 조금 더 타당하다고 할 수 있다.

짜장면

그런데 여기에는 우리가 주목해야 할 점이 있다. 공자와 마오쩌둥이라는 두 인물이 가지는 시대의 오랜 시간 차이, 중국 자장몐과 한국 짜장면의 조리방법과 맛에 있어서의 차이와 변형에도 불구하고 우리는 이들 모두를 같은 '중국' 의 것으로 생각한다는 점이다. 그렇다면 우리는 왜 이렇게 시공간적으로 그리고 내용상으로도 다른 것들을 '중국'이라는 단어를 서로 연관 지으며 떠올리게 되는 것일까? 어쩌면 '중국'이라는 단어에는 현재와 과거의 다양한 요소들, 다양한 지역의 요소들이 서로 중첩되고 혼재되어 있는지도 모르겠다. 이는 우리가 의미 과정을 통해 '중국'을 단일한 실체로 여기는 경향과 밀접한 관련이 있다.

그렇다면 지금부터는 이 '단일한 중국'이라는 이미지가 어떠한 의미 과정을 통해 어떻게 만들어져 왔는가에 대한 해답을 찾아 나서고자 한다.

02

중국 명칭의
기원

'중국中國'은 가운데를 의미하는 '중中'과 나라를 의미하는 '국國'이 합쳐진 개념이다. 코리아가 고려高麗시대에 우리나라를 드나들던 서양 상인들에 의해 붙여진 이름이듯이, 차이나도 중국 최초의 통일국가 진秦을 가리키는 것이다.

고려는 원제국 시대에 당시 중국식 발음이 '코리'였기 때문에 나라를 뜻하는 a가 붙어 코리아가 됐고, 진秦에도 a가 붙어 지나, 즉 차이나가 되었다. 이 어휘의 생성 시기는 진나라가 전국戰國을 통일한 서기전 221년으로 잡는다.

중국 고대 문헌에 등장하는 '중국' 개념은 매우 다채롭게 사용되었다. 고대 서주西周시대의 주周나라는 왕실이 직접적으로 통치하는 지역과 주 왕실에 충성심을 보이는 지방의 봉건 제후들이 통치하는 지역으로 구성되어 있었다. 지방 제후들이 통치하는 영역을 도성都城이라 부르

고 국國으로 칭하기도 했다. 나라 국國 자를 쓰긴 했지만 이때의 '국'은
오늘날의 국가와는 그 성격이 판이하게 달랐다. 고대에 이미 중국이라
는 단어를 사용하긴 했으나, 이때의 중국은 주 왕실이 직접적으로 통
치하는 직할지 또는 정치적으로 중심지의 역할을 하는 영토를 가리키
는 말이었다. 이후에도 역사적으로 '중국'이라는 국호를 가진 나라는
존재하지 않았다.

  19세기 후반에는 일부 외교문서에서 청나라를 대신하여 '중국'을
국가 명칭으로 사용된 적이 있는데, 이때는 그 이외의 사례는 극히 드
물었다. 그러다 20세기 초반에 이르기까지 근대적이고 민족주의적인
국가체제를 확고히 하고자 노력하는 과정에서 국가로서의 '중국' 개념
의 중요성이 부각되고 그 쓰임새도 차츰 많아졌다. 1912년의 중화민국
이 수립된 이후 중화민국을 '중국'이라는 약칭으로 부르는 경향이 일
반화되었다.

  우리가 오늘날 국가 명칭으로 사용하는 '중국中國'은 1949년 10월 1일
에 건국된 '중화 인민 공화국'을 일컫는 약칭이다. 한국에서 중화 인민
공화국을 중국이라는 약칭으로 부르기 시작한 것은 1992년 8월 24일
양국 간의 외교관계가 수립된 이후의 일이다.

  한중 수교 이전까지는 1912년에 수립된 '중화민국中華民國'을 '중국'이
라고 불렀다. 이는 당시에 자신들을 가리켜 스스로 '중국'으로 칭하기
시작했던 중국인들의 화법에 따른 것이다.

  공산당과의 내전에서 패한 장제스蔣介石 국민당 정부가 타이완으
로 퇴각하고 중화 인민 공화국이 수립된 1949년 이후, 한국에서 이 두

국가를 부르는 명칭은 확연히 달라졌다. 이때부터 한국에서는 중화민국을 승계한 타이완 정부를 '중국' 또는 '자유중국'으로 불렀으며, 중화 인민 공화국에 대해서는 이와 구별하여 공산주의 중국이라는 의미에서 '중공中共'이라 부르기 시작했다. 이러한 구분은 당시 반공 이념을 통치 이념으로 삼았던 한국정부의 입장이 고스란히 반영된 것이었다.

이러한 명칭은 한국이 대륙 중국과 수교하고 동시에 타이완과 국교를 단절한 1992년에 다시 바뀌게 되었다. 그 이후로 한국은 중화 인민 공화국을 '중국'으로, 타이완의 중화민국을 '타이완'으로 부르고 있다.

1949년 10월, 강력한 중국공산당 정부의 중앙집권적인 중화 인민 공화국이라는 국가가 수립된 이후, '중국'은 그 어떤 다른 의미보다도 대륙국가로서의 중국을 가리키는 말로 굳어지게 되었다.

오늘날 중국문화는 '중국'과 관련된 것들을 단일하게 국가적인 실체로 떠올리게 하는 배경으로 작용하고 있다. 중국문화는 지금까지 중국의 영토 안에서 일어났던 모든 역사를 지금 중국의 역사로 규정하고, 수많은 소수민족을 포함하여 중국 영토 안에 살고 있는 사람들을 중국인으로 규정하고 있다. 그래서 중국의 역사는 각 민족이 살아온 방식과 관념체계, 그리고 물질적 표현 양상이 모두 중국문화에 포함되었다.

일반적으로 중국이라는 단어를 사용할 때는 그저 국가 명칭으로서의 중국을 중화 인민 공화국에 관한 것만을 사용하는 것은 아니다. 중국의 언어, 중국역사, 중국문화 등을 포함한 광범위하고 다양한 것들을 의미하는 데 사용하고 있다. 이러한 이유로 시대는 다르지만 공자와 마오쩌둥은 같은 중국인으로 의미하며 짜장면과 짬뽕이 중국음식으로 간주하게 된다.

03

중국의

국기와 국장

　중화 인민 공화국의 국기 또는 오성홍기五星紅旗는 저장성 출신 경제학자 겸 예술가 쩡롄쑹曾联松이 고안하였다. 그의 도안은 인민정치협상회의에서 공개 모집된 약 3,000개의 도안 중에서 뽑힌 최종 38개 안 중에서 채택된 것이다.

　큰 별은 중국 공산당을 뜻하며 네 개의 작은 별은 노동자, 농민, 소자산 계급과 민족 자산 계급을 나타낸다. 빨간색은 공산주의와 혁명, 노란색은 광명을 뜻한다. 네 개의 작은 별은 큰 별의 중심으로 한 곳으로 모여 있는데 이는 중국 공산당의 지도에 따른 혁명 인민의 대단결을 상징한다.

　중국의 국기에는 중국의 전통상징은 하나도 없고 공산주의 이념만 반영된 디자인이며 색깔의 조합은 소련 국기와 같다. 다만 빨간색과 노란색이 중국인들의 선호하는 색깔이다.

오성홍기五星紅旗

중화 인민 공화국의 국장(국가 휘장)은 휘장을 둘러싸고 있는 노란 테두리의 쌀·보리는 농민 계급, 아래의 톱니바퀴는 노동자 계급, 별 아래 건축물은 톈안먼天安門으로, 제국주의·봉건주의에 반대하는 국민의 불굴의 민족정신을 상징한다. 또 황색 별 5개는 국기와 마찬가지로 중국 공산당(큰 별)의 지도 아래 국민들(작은 별 4개)의 단합과 결집을 상징한다.

국장(국가 휘장)

04

중국의

국가

중국의 국가는 시인이자 극작가였던 톈한田漢의 가사에 작곡가 녜얼聶耳이 곡을 붙였으며 원래 중일전쟁이 한창일 때 일본군과 싸우러 떠나는 중국군을 위해 작곡되었다. 국민당 정부 시절의 상하이上海에서 히트친 영화 풍운아녀風雲兒女의 주제가로, 여기서 말하는 의용군은 중국 공산당의 군대가 아닌 중국 국민당의 국민혁명군을 가리키는 것이었다. 특히 이 노래는 국민혁명군 200사단의 사단가이기도 했다.

국공내전에서 승리를 거둔 공산당 측이 중화 인민 공화국을 건국하면서 대국가代國歌로 지정했기 때문에 대만에서는 금지곡이 되었다.

중국 국가의 내용은 다음과 같다.

일어나라! 노예가 되기를 원치 않는 사람들이여!

우리의 피와 살로 새로운 만리장성을 세우자!

중화민족에 가장 위험한 시기가 닥쳐올 때,

억압받는 한 사람마다 마지막 함성이 터져나오리!

일어나라! 일어나라! 일어나라!

우리의 마음을 하나로 모아서,

적의 포화에 맞서, 전진!

적의 포화에 맞서, 전진!

전진! 전진! 나아가자!

중국의 국가는 문화대혁명 때 작사가인 톈한이 반당 분자라는 누명을 쓰고 숙청되면서 부르는 것이 금지되고 기악 연주만 가능하여 반쪽자리 국가가 되는 비운을 겪었다. 금지된 기간에는 중국 공산당과 마오쩌둥을 찬양하는 비공식국가를 부르도록 했는데, 비공식국가의 제목은 동방홍이다. 이후 톈한이 복권되면서 1982년에 원래 가사로 되돌렸다.

《중화 인민 공화국 국가법》은 중국의 국가에 대한 존엄성을 지키고 애국심을 고취시키기 위해 제정된 법률이다. 이 법률에 따르면 중국의 국가적인 행사, 스포츠 행사에서 중국의 국가를 반드시 연주하도록 명시하고 있으며 초등학교, 중등학교에서 중국의 국가에 관한 교육을 의무화하도록 명시하고 있다. 또한 이 법률에서는 중국의 국가를 개인의 결혼식·장례식 등에서 사용하는 행동, 상업 광고에 사용하는 행동, 공공장소의 배경 음악으로 사용하는 행동, 풍자·조롱·왜곡의 목적으로 곡조나 가사를 바꿔 부르는 행동을 금지하고 있으며 이를 위반한 경우에는 처벌받게 된다.

중국에서는 애국가를 부를 때 반드시 자리에서 일어서서 엄숙하고 진지한 자세로 불러야 한다. 앉아서 부르거나 재미로 부른다거나 흥얼거리는 등의 행위는 국가의 존엄성을 해치는 행위로 엄히 처벌된다.

05

중국의
지리적 환경

1) 중국의 면적

오늘날 중국 영토의 전체 면적은 약 960만㎢로 일본의 약 30 배, 남북을 합한 한반도의 48배에 이른다. 중국의 영토는 동쪽 헤이 룽장강黑龍江과 우쑤리강烏蘇里江의 합류점으로부터 서쪽으로 신장위 구르자치구新疆維吾爾自治區의 우차현乌恰县의 파미르고원에 이르기까 지 약 5,200km, 남쪽 난사군도부터 북쪽의 모허漠河에 이르기까지 약 5,500km에 이른다.

중국은 아시아 대륙 동쪽의 대부분을 부분을 차지하고 있는데 육 지로는 한반도, 러시아, 몽골인민공화국, 카자흐스탄, 타지키스탄, 아프 가니스탄, 파키스탄, 인도, 베트남 등 14개국과 국경을 맞대고 있다. 국 경을 맞댄 길이는 무려 2만 2,000km에 이른다.

해안선은 보하이 발해만으로부터 황해, 동중국해, 남중국해에 걸 쳐 1만 8,000km에 달하며, 일본, 필리핀, 말레이시아, 인도네시아와는 바다를 사이에 두고 있다.

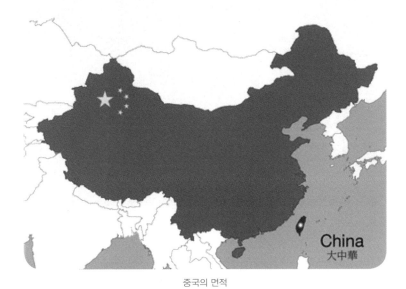

중국의 면적

2) 중국의 지형

중국의 전체 국토 가운데 산지가 33%, 고원이 26%, 구릉이 10%, 분지가 19%, 그리고 평야는 12%를 차지하고 있다. 중국의 국토의 지형은 크게 세 부분으로 나누어 볼 수 있다.

서쪽에는 해발 4,000m 이상 되는 칭짱靑藏(청장) 고원이 칭하이靑海성과 티베트에 걸쳐 놓여 있으며 가운데 부분에는 해발1,000~2,000m에 이르는 원구이고원云贵高原, 네이멍구고원内蒙古高原, 황토고원黄土高原, 타림분지Tarim Basin 등이 있다.

타림분지Tarim Basin

동쪽에는 평균 해발 500m 안팎의 동북평원东北平原, 화북평원华北平原, 창장평원长江平原 등이 있는데, 대체적으로 국토의 서쪽이 높고 동쪽으로 갈수록 낮아지는 서고동저 형태의 세 단계로 이루어져 있다.

3) 중국의 강

중국 국토는 서고동저의 지형으로 인해 강이 대부분 서쪽에서 발원하여 동쪽으로 흘러 황해 또는 동중국해로 흘러 들어간다. 가장 대표적인 강으로는 황해로 유입되는 황허, 창장, 그리고 남중국해로 들어가는 주장이 있다. 또한 이 세 강의 유역에는 오래전부터 큰 도시들이 발달하였는데, 특히 각 강의 중하류 유역에 위치한 도시들은 강을 따라 수상교통으로 원활하게 연결되어 왕래가 활발하였다.

중국의 강들은 지역을 구분하면서 나름대로의 독특한 지역문화권을 형성해 왔다.

① 황허黃河

중국에서 장강 다음으로 긴 강이다. 황허의 황黃은 진흙이 섞여서 노랗기 때문에 붙인 이름이고 허河는 큰 하천을 일컫는 일반명사이며, 원래 이 강을 가리키는 고유명사였다. 칭하이성의 쿤룬 산맥에서 발원하여 5,464km를 흐르며 보하이 만으로 흘러든다. 쓰촨성, 간쑤성, 닝샤 후이족 자치구, 내몽골 자치구, 산시성, 허난성을 지나 최종적으로 산둥성 둥잉 시에서 보하이 만으로 유입되며 전장 5,464㎞, 유역면적은 752,443㎢에 이른다. 강의 길이에 비하면 수량이나 유역면적이 상당히 적은 편이다. 수량은 심각할 정도로 적은 편인데, 건기에는 아예 건천이 될 때도 있다.

황허黃河

황허와 그 지류 유역에는 란저우, 인촨, 타이위안, 시안, 정저우, 지난, 베이징 등의 도시가 있으며, 창장 유역에는 청두, 충칭, 우한, 난창, 허페이, 난징, 상하이 등이, 주장 유역에는 난닝, 광저우, 홍콩, 마카오 등이 발달해 있다.

② 헤이룽장강黑龍江

헤이룽장강은 러시아에서는 아무르강이라고 부르며 길이가 중국에서 세 번째로 길며 본류가 중국과 러시아의 국경을 이루면서 동북쪽의 오호츠크해로 유입된다. 조선에서는 '흑룡강'으로 불렀으며 일대에 야인野人들이 살고 있었으며 조선왕조실록에도 종종 등장한다.

③ 화이허강淮河

화이허강淮河은 안후이성安徽省과 장쑤성江蘇省을 지나 황해로 유입되며 크기 면에서는 다른 주요 강들에 비해 상대적으로 크지 않지만 중국의 남방과 북방을 구분하는 기준선으로 간주되기 때문에 매우 중요한 강으로 여겨진다.

4) 중국의 호수

중국 국토 각지에는 크고 작은 호수가 분포되어 있는데 그 크기가 비교적 큰 것으로는 칭하이성靑海省의 칭하이호靑海, 장시성江西省의 포양호鄱陽湖, 후난성湖南省의 퉁팅호洞庭湖 등을 꼽을 수 있다.

5) 중국의 산

서쪽은 세계의 지붕이라고 일컫는 히말라야산맥에서 북동쪽으로 텐산산맥, 알타이산맥이 가로로로 놓여 있다. 동북부의 다싱안링산맥大興安嶺山脈과 중원 지역의 타이항산맥太行山脈은 세로로 가로놓여 있는 데, 이것은 중국을 크게 동서로 구분하는 기준으로 여겨지기도 한다. 이 산맥의 동쪽에는 각각 둥베이東北평원과 화베이 및 창장 중하류 평원이 광활하게 펼쳐져 있다. 이 밖에 주요 사막으로는 타클라마칸사막과 고비사막이 있으며 분지로는 타림분지, 웨이수이분지, 쓰촨분지 등이 있다.

텐산산맥

06

중국의

행정구역

중화 인민 공화국의 행정구분은 기본적으로는 성급省級, 시급市級, 현급縣級, 향급鄕級이라고 하는 4계층의 행정구조로 피라미드 구조로 이루어져 있다. 중화 인민 공화국의 광대한 영역을 22개의 성, 5개의 자치구광시좡족자치구, 내몽골자치구, 티베트자치구, 신장위구르자치구, 4개의 직할시 베이징시, 충칭시, 상하이시, 톈진시, 2개의 특별행정구 홍콩, 마카오로 수평 분할하고 있다.

특별행정구는 1국가 2체제로 운영되고 있으며, 엄밀하게는 제1급 행정구역은 아니지만, 실질적으로는 그것과 동등하게 다루고 있다. 제2계층의 지급의 행정 단위는 지급시, 자치주, 지구 등이 있다.

현재, 중국은 성과 현·현급시의 중간에 위치하는 지급시로 재편되고 있다. 지급시는 시라고 칭하지만, 도시지역과 주변의 농촌부를 포함한 비교적 큰 행정 단위이다.

각 계층을 정리하면 다음과 같다.

- 성급행정구省級行政区: 1급 행정구, 33개 – 직할시, 성, 자치구, 특별행정구

- 지급행정구地级行政区: 2급 행정구, 334개
  – 부성급성시副省级城市, 지급시, 자치주, 지구, 맹

- 현급행정구县级行政区: 3급 행정구, 2852개
  – 현급시, 현, 자치현, 시할구市辖区, 기, 자치기, 민족구, 특구

- 향급행정구乡级行政区: 4급 행정구, 40466개
  – 진, 향, 민족향, 현할구县辖区, 가도, 소목, 민족소목,
  시니젠虚拟镇: 한국의 읍, 면, 동 정도.

- 촌급행정구村级行政区: 5급 행정구, 704,386개
  – 촌민위원회촌민소조, 촌, 嘎查, 사구거위원회사구社区, 거민구居民区

〈표〉 22개 성

성	중국어(병음)	성도소재지
안후이성	安徽省안휘성	허페이시(合肥, 합비)
푸젠성	福建省복건성	푸저우시(福州, 복주)
간쑤성	甘肃省감숙성	란저우시(兰州, 란주)
광둥성	广东省광동성	광저우시(广州, 광주)
구이저우성	贵州省귀주성	구이양시(贵阳, 귀양)
하이난성	海南省해남성	하이커우시(海口, 해구)
허베이성	河北省하북성	스자좡시(石家庄, 석가장)
헤이룽장성	黑龙江省흑룡강성	하얼빈시(哈尔滨, 합이빈)
허난성	河南省하남성	정저우시(郑州, 정주)
후베이성	湖北省호북성	우한시(武汉, 무한)

제1장 찬란한 중국 문화

후난성	湖南省호남성	창사시(长沙, 장사)
장쑤성	江苏省강소성	난징시(南京, 남경)
장시성	江西省강서성	난창시(南昌, 남창)
지린성	吉林省길림성	창춘시(长春, 장춘)
랴오닝성	辽宁省요녕성	선양시(沈阳, 심양)
칭하이성	青海省청해성	시닝시(西宁, 서녕)
산시성	陕西省섬서성	시안시(西安, 서안)
산둥성	山东省산동성	지난시(济南, 제남)
산시성	山西省산서성	타이위안시(太原, 태원)
쓰촨성	四川省사천성	청두시(成都, 성도)
윈난성	云南省운남성	쿤밍시(昆明, 곤명)
저장성	浙江省절강성	항저우시(杭州, 항주)

22개 성

중국문화를 알면 중국이 보인다

07

중국의

권역

중국 대륙을 몇 개의 지역 또는 권역으로 나누는 방법들이 있다. 이중에서도 가장 간단하면서도 많이 사용되는 방법으로는 화이허강 淮河을 기준으로 하는 남방과 북방의 구분법이 그것이다. "귤이 회수를 건너면 탱자가 된다."는 뜻의 귤화위지橘化爲枳 또는 남귤북지南橘北枳라는 춘추전국시대의 고사성어에서 볼 수 있듯이, 이 구분법은 그 역사가 상당히 오래된 것이다.

화이허를 기준으로 한 이 구분 자체는 자연환경의 차이에서 비롯한 것이지만, 화이허 이남과 이북의 문화적 차이를 나타내는 말로 확대 적용되기도 한다. 실제로 화이허는 중국의 1월 평균기온 0℃ 선, 연평균 강수량 800mm 선, 농작물 생장기간 225일 선과 대체로 일치한다. 이러한 점들은 겨울철 농작물 재배 가능성과 벼의 이모작 가능성을 결정짓는 중요한 요소들이다. 이러한 환경적·생태적 요인으로 인해 남방과 북방은 생계방식, 주거, 음식 등 전반적인 생활양식에서 점차

차이를 보이게 되었다. 이러한 구분이 오랜 세월 동안 문화적인 차이를
구별하는 기준으로 바뀌게 되었다.

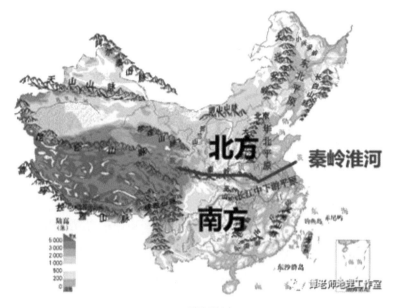

권역 구분

　화이허를 기준으로 한 남북구분법은 근대는 물론 오늘날에도 계속
해서 진행되고 있다. 1908년 중국지리학회 학술회의에서는 친링산맥秦
嶺山脈과 화이허강淮河를 이은 선을 남북 구분의 기준으로 채택한 적이
있다. 그리고 그보다 더 최근인 2009년에는 국가측량제도국이 친링산
맥과 화이안시를 이은 선을 남북 구분의 기준선으로 채택했다. 그런데
이 선은 화이허의 위도와 거의 동일하다는 점에서 특별하다.
　남북 간 위도편차는 최저인 북위 4° 남사군도에서 최고 53°인 헤이
룽장성 모허까지 약 50°에 달하며 남북 길이는 5,500km에 달한다. 이

와 같이 남북의 큰 위도 편차로 인해, 중국의 설날인 춘절 기간 동안에는 재밌는 현상이 벌어지기도 한다. 중국의 북쪽인 하얼빈에서는 얼음축제인 빙등제가 열리는가 하면, 남쪽의 광저우에는 꽃시장 축제가 동시에 열리는 재미있는 상황이 생겨나기도 하는 것이다. 중국의 남방지방은 따뜻한 기후로 인해 이모작이 가능하기에 예전부터 곡창지대로서 큰 역할을 해 왔는데, 이때 대운하가 바로 남방의 쌀과 농작물을 북방으로 운송하는 주요 경로로 사용되었다.

남방과 북방의 자원으로 구분하여 남방은 물에 비유하고, 북방은 불에 비유하기도 한다. 남방은 담수 자원이 많아 전국 하류 총 운송량의 83%를 차지하는 등 북방에 비해 물이 풍부한 데 반해, 북방은 황허의 밑바닥이 지면보다 높아지는 지상하地上河 현상이 발생하고 유수량이 감소하는 등 남방에 비해 물 부족 현상이 갈수록 심각해지고 있다.

북방은 남방에 비해 석유, 석탄, 천연가스 등 에너지 자원이 풍부한 편이다. 특히 이 같은 에너지 자원은 허난성, 허베이성, 산둥성, 장쑤성의 북부, 동북 3성에 집중되어 있는 것이 특징이다. 중국의 개혁개방 정책이 실시된 이후 북방의 경제발전 속도는 남방보다 느리게 나타났다. 아직도 북방의 많은 도시들은 오늘날에도 주 에너지원을 석탄에 의존하고 있다. 그러한 현상의 결과로 중국의 북방에서는 대기 및 환경오염이 심각한 문제로 대두되고 있다.

남북구분법은 근대 시기에 접어들면서, 서부로까지 확장되면서 전통적인 남북구분법으로는 중국의 다른 많은 지역을 포괄할 수 없게 되었다. 빠르게 변화된 중국의 상황을 고려하여 새롭게 제시된 것이 바로 기존의 남부, 북부와 함께 오늘날의 구이저우, 윈난, 쓰촨 지역을 별도의 중부 또는 서부로 삼분하기도 한다.

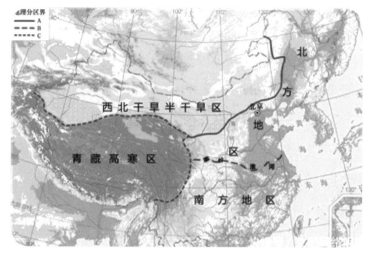

남북구분

08

중국 남북의
문화 차이

중국의 남방과 북방은 앞서 언급한 자연환경상의 차이와 더불어 정치경제적으로 상이한 발전 과정을 겪어 옴에 따라 문화적인 측면에서 상당히 다른 양상을 띠고 있다.

1) 주식의 차이

무엇보다도 의식주와 같은 생활 및 물질문화에서 비교적 뚜렷이 구분된다. 벼의 이모작이 가능한 남방 지역에서는 쌀을 주식으로 삼아 온 반면, 강수량이 적고 날씨가 추운 북방에서는 밀을 주식으로 삼아 왔다.

남부의 비옥한 영토

제1장 찬란한 중국 문화

2) 음식과 주거의 차이

남방 음식은 달고 다양한 향료를 사용하는 반면, 북방 음식은 기후의 영향을 받아 짜고 재료의 맛을 살리는 데 뛰어난 편이다. 또한 전통적인 주거문화와 관련하여 남방의 가옥은 덥고 습한 기후에 적응하기 위해 주로 앞이 틔어 있는 형태가 발달한 반면, 북방의 가옥은 북쪽에서 불어오는 차가운 바람을 막기 위해 마치 군대 막사처럼 서로 이어져 있는 형태가 주를 이루고 있다.

3) 역사적 차이

역사적으로 남과 북은 정치경제적 측면에서도 확연한 차이를 보여주고 있다. 북방은 이민족의 숱한 침범으로 인해 무수한 전쟁을 치르면서 자연스럽게 군사 및 정치의 중심지가 되었고, 이로 인해 역대 왕조의 수도는 대부분 북방에 위치하고 있다. 이에 비해 남방은 상대적으로 비옥한 토양과 온난한 기후를 바탕으로 다양한 경제활동이 활발히 이루어졌다.

풍부한 물산과 유통의 활성화로 오래전부터 상인 기질이 몸에 배어 탁월한 장사 수완을 발휘하고 각 지역마다 독특한 상권을 형성하였다. 개혁개방이후 남방이 경제발전의 중심이 된 것도 이러한 기질과 무관하지 않다는 주장도 제기되었지만, 이러한 해석에 대해서는 좀 더 면밀한 검토가 필요하다.

4) 언어의 차이

남방은 크고 작은 산과 강으로 잘게 나누어져 있고 토지가 비옥하여 정착 거주하며, 먼 거리를 이동할 필요가 별로 없어서 각 지방마다 특유의 방언이 발달해 왔다. 오늘날에도 남방 지역의 언어는 도시나 지방마다 발음이 다를 뿐만 아니라 성조聲調도 복잡한 양상을 띠고 있다. 반면, 전쟁 등을 통해 대규모의 인구 접촉과 이동이 많았던 북방 지역에서는 지역 방언이 그다지 발달하지 않았다.

북방은 유목민들이 많아서 이동을 많이 하였기 때문에 언어가 통일된 지역들이 많았다.

5) 극의 차이

음악이 주가 되는 남방 희곡의 특징은 곤극昆劇이나 월극越劇처럼 부드럽고 우아하며, 북방 희곡인 경극은 활기 넘치며 생동적이다. 이 밖에도 외형적으로 작은 체형의 남방 사람과 큰 체형을 지닌 북방 사람은 용모와 기질에서도 차이를 보인다.

곤극昆劇

월극越劇

지금까지의 논의에서 알 수 있듯이, 중국문화를 단일한 것으로 간주하거나 중국문화를 일반화하는 시도는 그 다양성을 사상시키거나 과소평가하는 오류를 범할 수 있다. 이러한 점에서 중국문화를 지역 또는 권역별로 구분하는 것은 중국문화의 다양성을 살펴보는 효율적인 접근방법의 하나라 할 수 있다.

중화^{中華}
사상

중화^{中華}는 "중심에 있는 화하^{華夏}"라는 뜻으로, ^華화는 빛의 광채를 일컫다가 '아름다운 것' '눈부신 것' '뛰어난 것' 등의 뜻을 얻었고, 마침내 식물의 가장 아름다운 부분인 '꽃'의 의미까지 획득했다. 따라서 중화라는 단어는 역사적으로 중국 사람들이 스스로나 중국 대륙을 이르는 말이며 주변국에서 중국을 미화하여 이르는 말로도 쓰인다. 한국에서는 '중화'가 좀 더 고급스러운 이미지로 받아들여지는 느낌이 있어 한국인이나 일본인 모두 '중국 요리'보다는 '중화 요리'라는 이름을 더욱 많이 사용한다.

'중국'와 '중화'의 용어차이는 애매한 편인데, 중국이 대개 중화 인민 공화국으로 한정되는 반면 중화는 화교사회 등 전반적인 중화권 민족 및 그 문화를 뜻하는 좀 더 넓은 의미를 갖는다. 다만 영어로는 '중국'이나 '중화'나 전부 다 Chinese로 번역된다.

중화라는 단어는 근대에 들어서는 청나라 멸망이후 들어선 국가인 중화민국에도 '중화'가 들어가며, 국공내전에서 승리한 공산당이 세운 국가 중화 인민 공화국에도 '중화'가 들어간다. 따라서 중국에서 사용하는 중화는 자국을 가리키는 말로 쓰기도 한다.

중화사상中華思想, Sinocentrism이란, 한족漢族이 한족의 문화를 자랑스럽게 여기는 사상이다. 여기서의 '중화'는 한족의 문화를 뜻하며 또는 화이사상華夷思想이라고도 한다.

화이사상華夷思想의 관점에서 보면, 이夷(이 민족)는 화華의 존재를 위협하고 위험에 빠뜨리는 존재가 아니라 화의 정당성과 그 존립 근거를 강화시키는 데 필수적으로 있어야만 하는 존재라고 본다. 다시 말하면, 우월한 화가 열등한 이를 예교禮教로서 다스려 문명 속으로 편입시켜야 한다고 생각하기 때문에, 이가 존재해야만 비로소 화라는 존재가 빛날 수 있는 것이다. 따라서 화이사상이나 중화사상과 관련하여 등장하는 '중국' 개념은 바로 이 "예교문화가 기반 한 영역으로서의 중국"이라고 할 수 있다.

이 사상은 춘추전국시대부터 진秦·한漢 시대에 걸쳐 주자학朱子學의 영향으로 형성되었다. 주자학朱子學 한족 문화를 지키겠다는 취지에서 불교를 배척하고 유교 사상을 강화하려는 학문이다.

최근 중국지도부는 중화민족의 위대한 부흥이라는 중국의 꿈中國夢을 제시하여, 한족을 포함한 56개 다민족 국가의 통일적 정체성을 확보하여 사회통합을 유도하고 있다.

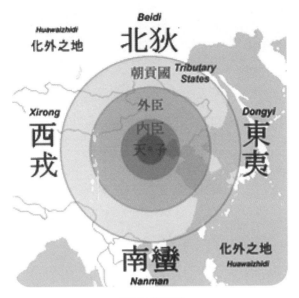

화이사상華夷思想

제2장

중국의
역사

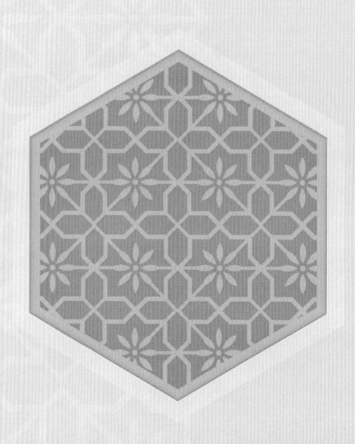

중국의

신화

중국의 고대 신화에 등장하는 세 명의 황皇과 다섯 명의 제帝를 삼황오제三皇五帝라고 한다. 삼황三皇은 복희씨伏羲氏, 신농씨神農氏, 여와씨女媧氏를 말하며, 오제五帝는 황제헌원黃帝軒轅, 전욱고양顓頊高陽, 제곡고신帝嚳高辛, 제요방훈帝堯放勳:陶唐氏, 제순중화帝舜重華:有虞氏를 지칭한다.

삼황

중국의 신화에 의하면 삼황오제는 각각 인류 문명에 필요한 획기적인 발명이나 정치를 잘해 후세에 큰 모범이 되었기에 선정되었다고 한다. 삼황오제 신화의 기본 틀이 되는 설화는 상나라 무렵부터 내려져 온 것으로 알려져 있다. 그리고 춘추 전국 시대에 제자백가가 각종 사상을 주장하면서 군주의 본보기로 삼황오제 신화가 창조되어 틀을 갖추어 나갔다.

삼황오제의 업적을 보면 다음과 같다.

복희씨伏羲氏는 태호太昊(큰 하늘)라 불렸으며, 뱀 몸에 사람 머리를 하고 있으며, 사람들에게 처음으로 사냥법과 불을 활용하는 법을 가르쳤다.

신농씨神農氏는 염제炎帝(불꽃 임금)라고도 불리며, 사람 몸에 소의 머리를 가졌다. 그는 태양신이자 농업신으로 농경을 처음으로 가르쳤다. 또한, 태양이 높게 떠 있는 시간에는 사람들에게 상업을 가르쳤다고 한다.

여와씨女媧氏는 여신女神을 나타내며, 여와의 어머니는 질서의 여신으로 알려진 화서花序인데, 우주를 배회하다가 번개의 신 뇌공의 발자국을 밟고 난 후 갑자기 임신을 했다고 한다.

황제헌원黃帝軒轅은 사람들에게 집짓는 법과 옷 짜는 법을 가르쳤으며, 수레를 발명했다. 글자 개념을 처음으로 도입해 천문과 역산을 시작하고, 의료술을 시작하였다. 어느 정도 사람들의 삶이 안정되자 황제는 태산泰山에 행차하여 천지 사방의 신을 모두 불러 모았다. 황제는 큰 코끼리가 끄는 보물로 된 수레를 탔으며, 황제의 위세를 본 신들은 그의 위력에 모두 고개를 숙였다고 한다.

전욱고양顓頊高陽은 고결한 인간으로서 묘사되고 있으며, 〈사기〉에는 제사를 잘 거행한 군주로서 묘사되고 있다.

제곡고신帝嚳高辛은 〈사기〉에 태어날 때부터 자신의 이름을 말할 수 있는 명석한 사람이었다고 기록되어 있다.

제요방훈帝堯放勳는 도당씨陶唐氏라고도 하며, 요의 치세에는 가족들이 화합하고 백관의 직분이 공명정대하여 모든 제후국들이 화목하였다고 한다. 다음 대의 군주인 순舜과 함께 이른바 '요순堯舜'이라 하여 성군聖君의 대명사로 일컬어진다.

제순중화帝舜重華는 유순씨有虞氏라고도 하며, 순은 왕위에 즉위한 이후 여러 신하들을 전문적인 직분에 따라 임명하였으며 사방의 오랑캐를 정벌하고 회유하여 넓은 강역에까지 통치가 미치게 되었다. 특히 황해의 홍수를 다스리기 위해 우禹를 등용하여 마침내 치수에 성공하였다. 우의 성공적인 치수로 농토가 증대되고 천하의 모든 사람들이 순왕의 뛰어난 인재 등용을 칭송하였다. 선대의 요堯와 함께 이른바 '요순堯舜'이라 하여 성군聖君의 대명사로 일컬어진다.

여덟 명의 제왕은 중국 문명의 시조로 추앙되며 근대 이전의 중국에서 신화가 아닌 역사로서 추앙되었다. 현대의 역사학계에서는 삼황오제 신화가 후대에 창조되고 부풀려진 신화이며, 역사적 사실이 아니라 판단하고 있다. 그러나 1990년대 이후부터 중국은 중화민족주의에 입각하여 국가 차원의 개입을 통해 삼황오제를 실존하는 인물로 격상하려는 움직임을 보이고 있어 학계의 우려를 낳고 있다.

오제

02

중국의
황하문명

황하문명黃河文明(Yellow River civilization)은 메소포타미아 문명, 이집트 문명, 인더스 문명과 같이 중국 황하 중·하류 유역의 황토 지대에서 발달한 세계 4대 문명 중 하나이다. 황하는 중국말로 황허라고 하기 때문에 황허문명이라고도 불린다.

메소포타미아 문명, 이집트 문명, 인더스 문명은 자연지리적인 장벽이 없었기에 서로 영향을 많이 주고받았지만, 황하 문명은 타클라마칸 사막과 히말라야 산맥이라는 장벽에 가로막혀 다른 문화와 교류하지 않은 독특한 문화를 형성하였다.

기원전 9,000년경부터 황허 유역이 평야지대로 농사로 알려지면서 많은 인구가 모여 들었다. 황하 문명의 근거가 되는 황하 유역은 홍수가 수시로 일어나 흙탕물이 흘러들어 오는데 이때 농사에 도움이 되는 영양분도 같이 실려 오기 때문에 비옥한 농지가 발달하였다. 오늘날처럼 자연을 변형시킬 능력이 없었던 고대인들은 안정적인 농업이 가능한 천혜의 조건을 가진 황허 유역에 생활의 근거지를 마련하는 것이 자신과 종족을 보존하는 데 가장 좋은 선택이라고 믿었을 것이다.

선사 시대의 생활구역은 황하 유역 지대의 산기슭에 있는 물이 솟아나는 지대에 많으며, 수해를 피하기 위하여 단구段丘 위에 거주했다. 기원전 2,000년 경의 황허 유역은 치수治水를 통한 거대한 자연과의 끝없는 대결, 농경지의 소유권을 둘러싼 끊임없는 분쟁, 외부의 침입자로부터 농토를 지켜내려는 싸움, 가혹한 생존경쟁 등을 통해 문명이 만들어지는데 이를 황하문명黃河文明이라고 한다. 양쯔 강 유역의 지방에서도 황하문명과 비슷하면서 나름대로 독특한 고대 문명이 형성되어 갔다.

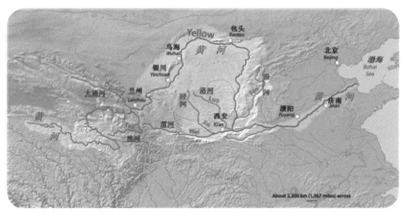

황허

황하문명의 특징은 황허 유역에서만 유물이 발굴되는 것이 아니라 허베이성 등 하류 지방에서도 유물이 꾸준히 발굴되고 있으며, 황하 이외에도 장강 일대나 쓰촨 지역에서도 유적이 발견되고 있기 때문에 황하문명은 황허만의 문명이 아니라 중국 전체의 문명이라는 뜻에서 중국문명이라는 용어를 사용하려는 추세이다.

| 황허 유적 | 유물 |

황하 문명은 선사 시대인 신석기 시대부터 씨족집단을 구성하여 농경지를 협동으로 경작하였다. 이후 역사적 사실 확인은 불가능하지만 중국 고대사에서 존재했다고 주장하는 하왕조가 기원전 2000년 경에 등장한다. 하왕조는 황하의 치수 사업을 맡아 공적을 이룬 우 임금이 순 임금의 신임을 얻어 후계자로 지목되고, 순 임금 사후 즉위한 우 임금이 세웠다고 전설이 있다.

황화 문명 시기에는 주로 씨족집단이 농경지를 경작하였으나, 주나라가 들어서면서 대가족을 단위로 한 노동집약적 농업생산체제가 봉건제도라는 독특한 가부장적 정치체제를 유지하였다.

황허

03

중국의

선진先秦 시대

선진시대라는 것은 중국 최초의 나라들로 부터해서 진나라 이전까지의 나라들을 말한다. 선진시대는 하나라, 상나라, 주나라, 동주시대, 서주시대, 춘추시대, 전국시대까지를 말한다.

1) 하夏나라

중국의 역사에서 기록으로 최초의 왕조를 하나라고 한다. 하나라는 문헌상 기원전 21세기부터 기원전 17세기까지 존재했다고 하는 국가로, 왕위 세습이 제도화되었다고 한다.

하나라는 왕들의 업적과 계보가 전해지고, 여러 문헌에서 언급이되는 왕조라서 실존했을 가능성은 있지만, 현재까지는 고고학적으로 분명한 증거가 없다. 따라서 아직 역사상 실제로 존재했던 국가로는 확증되진 않았다.

2) 상商나라(은나라)

상나라는 기원전 17세기부터 기원전 11세기 무렵까지 존재했던 국가이다. 주로 은殷이라고도 많이 불리기도 하는데 이는 상나라의 마지막 수도가 은이었기 때문이다. 인구밀도가 매우 낮은 고대에 많은 인구는 수도에 몰려 살았기 때문에 사실상 상과 은 두 가지 표현이 혼용되었다.

장사하는 사람이라는 뜻인 '상인'이라는 말이 '상나라 사람'에서 나온 말로 상나라의 유민들이 이곳저곳 장사하며 떠돌아다니던 것에서 기인한 것이라고 한다.

상나라는 고도로 발달한 청동기 기술을 가졌으며, 기원전 12세기 무정武丁 시기에 전성기를 맞이했고, 주변의 여러 부족을 복속시키며 영향력을 키웠으나, 지나친 인신공양으로 인한 반발과 동방정책 등으로 인해 반란이 일어나자 기회를 엿보던 주나라에 기원전 1040년 즈음에 멸망당하고 만다.

상나라는 갑골문에 기록으로 남아 있으며 청동기 유물들이 발굴됨에 따라 실존해 있던 나라이며 기록으로 남아 있는 최초의 나라가 되었다.

상나라의 청동기 유물

3) 주나라

상나라를 멸망시킨 주나라는 기원전 1046년~기원전 256년까지 중국에 존재한 고대 국가다. 중국 역사에서 가장 오래 존속한 나라로 790년간 왕조를 이어갔다. 주나라는 기원전 11세기 중엽에 서쪽의 웨이허 강 분지에서 세력을 확대하여, 청동기와 고대 전차 등을 활용하여 각지로 퍼져나가며 토착민과 이민족을 정복하고 흡수하면서 중원中原을 지배했다. 그래서 주나라는 중국 위주의 천하관과 화이의 관념이 시작되었고, 천명사상, 혈연 중심의 예문화 등 중국문화의 뼈대가 마련되었다.

기원전 841년에는 폭정을 일으켰던 주나라 여왕厲王이 쫓겨나고 기원전 841년부터 828년까지는 공백화가 나라를 다스렸다. 이 혼란시대에 많은 귀중한 사료들이 없어져 버렸기 때문에 그 이전 역사를 알 길도 함께 없어져 버려 이 시대를 공화시대共和時代라고 칭한다.

주 왕조는 농업을 장려하였고, 농지 개척을 위해서 노력하였다. 농토의 분배구조와 그에 기반을 둔 권력구도를 통제하기 위해서 주나라는 왕실이 직접적으로 통치하는 지역과 주 왕실에 충성심을 보이면서도 독자적인 세력을 지닌 지방의 봉건 제후들이 통치하는 지역으로 구성되어 있었다. 이 같은 봉건 시대에 지방 제후들이 통치하는 영역을 도성都城이라 불렀는데, 이때의 각 도성들은 하나의 나라, 즉 국國으로 칭하기도 했다.

그러나 왕권이 점차 쇠퇴하자 각 지역 세력 간의 갈등을 조정할 수 있는 정치권력이 사라지자 각 세력 사이의 각축전은 점차 노골적으로 치열해져 갔다. 왕실의 권위가 약해지자 공신과 친족들이 세운 제후국과의 사이가 멀어졌고, 주변 이민족들도 날로 강성해져서 상대적으로 혼자 서쪽으로 툭 튀어나온 주나라는 서서히 압박을 받기 시작했다.

기원전 771년에는 견융이 주나라를 침략하여 유왕을 살해하여, 다음으로 왕위에 오른 평왕 때는 수도를 호경鎬京, 현재의 시안 부근에서 동쪽의 낙읍洛邑, 현재의 뤄양 시으로 수도를 옮겼다. 이를 기준으로 수도 이전을 서주(기원전 1046년~기원전 771년) 수도를 천도한 이후를 동주(기원전 770년~기원전 256년)로 구분하며 동주시대의 개막과 함께 춘추전국시대가 시작되었다.

4) 춘추전국시대春秋戰國時代

춘추전국 시대(기원전 770년~기원전 221년)는 제후들이 자신이 제후들 중의 최강자가 되고자했던 시기인 춘추 시대와 주나라의 질서가 소멸되자 다들 제후의 자리에 만족하지 못하고 왕이 되고자 다투었던 시기를 전국 시대를 합친 단어다. 춘추전국 시대는 기원전 770년 주周왕조의 천도 후부터 기원전 221년 시황제始皇帝가 통일한 시기까지를 말하며, 선진시대先秦時代라고도 한다.

춘추전국 시대는 550년간 지속했으며 이 시대는 중국사상의 개화결실의 시기였다. 이 시대의 사상가들을 제자諸子라 하며 그 학파들을 백가百家라 부른다. 상업이 많이 발달하였고 이때부터 철기가 사용되었다.

주나라가 견융족에 의해 도읍을 낙읍으로 옮기자 주 왕실이 약화되어 봉건제가 약화됨에 따라 각각의 제후국들은 철제 무기로 무장한 군대를 발전시키고 인재를 등용하여 주나라 왕실에 반기를 들고 춘추전국 시대의 패자가 되기 위해 치열한 전쟁을 벌이며 뛰어난 왕과 장군이 나타났던 시대이다.

이민족의 위협과 침략이 계속되자 주 왕실과 제후국 및 동맹세력들은 오吳, 월越, 초楚 등 이민족들이 세운 나라에 대항하여 힘을 모으고 연대감을 강화하기에 이르렀다. 이처럼 연대의식을 강화하는 과정에서 주나라 왕실은 물론, 제후국과 동맹세력 전체를 포괄하여 칭하는 말로 '중국'이라는 단어를 사용하기 시작했다. 이 당시의 중국은 범위가 확대되어 중원中原 지역과 일치하였다. 이때의 '중국'은 중국인들의 연대의식을 바탕으로 연합을 위한 단어였기 때문에 이민족에 대한 민족적·문화적 차별의식이 그 밑바탕에 깔려 있는 개념이었다.

칠웅七雄

춘추시대에는 여러 주나라의 제후국들이 주의 천자를 존중하고 각자의 세력을 다투던 시기로, 세력이 강한 제후국들 중에 주 왕실의 이름으로 도시 국가들을 만들었다. 춘추시대 초기에 100~180개 정도였던 도시국가가 말기에는 10여 개의 국가로 정리되었다. 기록에 남겨진 전쟁의 횟수만도 1,200회가 넘는다. 춘추시대에는 이해관계에 따라 도시국가들이 이합집산을 거듭하게 되었는데, 그 회맹의 대표자를 패자라고 불렀다. 춘추시대에는 다섯 사람의 유명한 패자가 있어 제齊-환공桓公, 진晉-문공文公, 초楚-장왕莊王, 오吳-합려闔閭, 월越-구천勾踐의 5제후를 춘추 오패春秋五覇라고 불렀다.

전국시대는 진晉나라가 한韓나라, 위魏나라, 조趙나라의 세 나라로 쪼개진 것으로 시작하여 전국시대를 주도했던 진秦나라, 초楚나라, 제齊나라, 연燕나라, 조趙나라, 위魏나라, 한韓나라의 전국 칠웅七雄이 생겨났다. 이 7개 국가 외에도 중산中山, 송宋, 정鄭와 주나라도 두 개로 쪼개진 채 전국시대까지 남아있었다.

04

진나라

기원전 259년 전국시절 인질로 잡혀 있던 장양왕 자초는 아들 정을 출산하고, 본국으로 돌아갔다가 아버지가 사망하자 왕위에 올랐다. 장양왕은 왕위에 오른지 3년 만에 사망했다. 그래서 어린 정은 12세에 왕위에 오르고 정치는 자연스럽게 그의 어머니 태후와 여불위에게 맡겨졌다.

여불위는 대상인 출신으로 일찍이 정치적 야망을 품고 조나라에 인질로 있던 자초에 접근하여 왕으로 만들었으며, 그의 애첩 조희를 자초에게 내주었다. 그때 이미 여불위의 아이를 임신하고 있었기에 여불위는 진시황의 실부가 되는 셈이다.

정은 기원전 238년 성인 의식을 치르고 친정에 들어가자, 냉철하고 과단성있는 정책을 펼쳐나갔다. 상인 출신이었던 여불위의 중상책을 버리고 전통적 개혁정책이 강행하였으며 열심히 일했다. 그리고 여불위는 낙양에 연금시키자 여불위는 독약을 먹고 자살했다. 고를 재상으로 등용된 이사는 강력한 법치로써 통일을 추진하였다.

진秦(기원전 221년-기원전 207년)은 한韓, 제齊, 위魏, 조趙, 연燕, 초楚를 무너뜨리고 중국 본토를 통일하였다. 진은 이어 모든 제후국을 폐지하고 조정에서 직접 다스리는 군현제를 처음 실시하였다. 이어 진왕 영정은 처음으로 '황제'皇帝의 칭호를 사용하였다.

진시황은 전국을 36개의 군으로 나뉘고, 군 밑엔 현, 향, 정, 리를 두고 중앙에서 충성스러운 관료로 파견하여 백성들을 직접 지배하게 되었으며, 최초로 중국 전역은 중앙집권적인 하나의 통치체제 속에 들어가게 되었다.

진시황

수도 함양으로부터 지방 각지로 뻗어나가는 방사선의 도로망을 정비하고, 전국의 토착부호 12만 호가 강제로 수도에 이주 당했으며, 민간 소유의 무기들은 모두 몰수되었다. 그리고 문자, 도량형, 화폐등도 통일하여 사회발전에 기여했다. 진시황은 전국을 5차례에 걸쳐 순행하고, 태산 등 명산에 올라 거대한 기념비를 세움으로써 자신의 위엄을 과시했다.

진시황은 폭군적 백성들의 사상을 통일하기 위하여 법가 사상서와 실용서적들을 제외한 어떠한 책의 소지도 금지되었으며, 관리가 아닌 사람의 자유로운 학술토론도 금지하였다. 전국에 있는 수많은 서적들이 금서로 취급되어 관에 수거되고 태웠으며 이듬해에는 이에 비판적인 유생 460여 명이 생매장당하는 이른바 갱유사건이 일어났다.

진시황의 급진적이고 과격한 개혁들은 성과를 거두기도 하였으나 흉노족의 침입을 막기 위하여 만리장성을 건설하고, 자신의 무덤을 만들기 위하여 수많은 백성들을 동원하고 폭정을 하여 6국 백성들의 불만은 하늘을 찔렀다. 말년에는 오래 살기 위해서 불로초 찾기를 하고, 다섯 번째 순행 도중에 병에 걸려 결국 기원전 210년 7월 사구沙丘(오늘날 하북성河北省 평향현平鄕縣 부근)에서 병사하면서 약 50년간의 파란만장했던 삶을 마감했다.

05

한나라

진秦나라의 무리한 통치와 폭압으로 각지에서 반란이 일어났다. 진시황이 죽자 백성들의 원성은 폭발하기 시작하여 최초의 진승, 오광의 민난이 발생하였다. 진승은 초나라의 수도였던 진을 함락, 도읍으로 삼고, 국호를 장초라 하여 스스로 왕위에 올랐다. 그러나 실전경험이 없는 농민들의 군대는 오합지졸에 불과했고, 농민 주력군이 진의 장군에게 패한 후에는 내부동요까지 일어나 진승, 오광이 살해되기에 이르렀다. 사상 최초의 농민정권은 불과 6개월 만에 몰락했다.

이후 전국에 빗발치는 반란에 의하여 통일을 이룬지 불과 15년 만인 기원전 206년 진나라는 멸망하였다. 민란은 항우와 유방의 전쟁으로 집약되었다.

항우는 초나라에서 대대로 장군직을 지낸 명문 귀족 출신으로 어려서 고아가 되어 숙부 황량의 손에 길러졌으며, 소년 시절부터 무예에 뛰어난 기량을 보였다. 그는 숙부 항량과 함께 강동양자강 하류에서 거병하여 초의 왕족 심을 회왕으로 추대하면서 반군의 중심세력으로 떠올랐다.

유방도 초나라 사람이었지만, 항우와는 달리 이름없는 농민 출신이었다. 젊은 시절 각지를 유랑하다가, 고향에 돌아와서는 유력 가문인 여공의 딸과 결혼했다. 고향의 말단관직에 오른 유방은 사람을 모아 유격대장이 되어 항량의 진영에 합류했고, 이들은 함께 진의 수도 함양을 공략하는 대출정에 나서게 되었다.

유방은 진의 수도 함양을 점령하고 진의 3대 왕 영의 항복을 받아낸 후에도, 모든 재물에 일절 손을 대지 않았으며, 군기를 엄정하게 하여 민폐가 없게 하고, 일체의 법을 폐지함으로써 백성들로부터 커다란 환영을 받았다.

뒤늦게 함양을 장악하게 된 항우는 이미 항복한 진왕 영을 죽이고 함양을 남김없이 파괴했다. 초를 멸망시킨 진에게 복수를 펼치고 싶은 마음이 강했으며, 역사를 되돌려 진 통일 이전의 사회로 복귀할 것을 희망하고 있었다. 그래서 궁궐을 불사르고, 여산릉을 파헤쳐 재화를 획득하고, 농공행상적인 영토분배로 제후왕들의 불만이 컸다. 특히 척박한 땅을 분봉받은 유방의 불만은 대단한 것이었고, 때마침 항우가 초의 의제를 살해하자 명분을 얻은 유방은 항우를 상대로 해서 3년이 넘는 대결을 하였다.

항우는 자신의 힘만을 믿고 주위의 말에 귀를 기울이지 않아 많은 인재를 잃었다. 유방의 명장 한신도 항우의 휘하였는데, 유방에게 투항하여 항우를 공격하였다. 항우는 4주 만에 포위망을 극적으로 탈출하여, 강 하나를 사이에 두고 고향 마을 앞에 자신의 신세를 한탄하며 32세에 스스로 목숨을 끊었다.

기원전 202년 최후의 승자 유방이 마침내 제위에 올라 한왕조를 세우고 한 고조가 되었다. 농민 출신이었던 유방은 항우보다 뛰어난 개인은 아니었을지 모르나, 자신의 힘을 과신하지 않고 인재를 잘 활용했으며, 감정에 휘말리지 않고 언제나 현실을 직시함으로써 마침내 황제의 지위에 오르게 된 것이다.

한나라는 진나라의 각종 제도를 거의 그대로 계승했으나 가혹한 법칙을 완화하고, 안정된 농업생산을 장려하는 조처들을 발표하여 백성들에게 인기를 얻었다. 그리고 개국공신들의 반란을 없애기 위해 군현제와 봉건제가 절충된 군국제를 실시하였다.

한무제 때 유교는 국교로 채택되어 역대왕조의 지배이념으로서 흔들림 없는 지위를 누렸으며, 시간이 지남에 따라 중국의 농촌 사회에도 깊숙이 뿌리를 내림으로써 중국인들에게 커다란 영향을 끼쳤다. 한나라는 200년 넘게 유지된 중앙집권적 국가로 서양에 최초로 이름이 알려진 나라이기도 하다.

06

위진

남북조 시대

220년 한나라가 몰락한 이후부터 수나라가 중국을 재통일하는 589년까지의 대분열기를 위진남북조 시대라고 부른다.

위는 삼국 중 강성했던 조조의 나라 이름을 딴 것이고, 진은 강남에 수립한 동진을 합쳐서 사마씨의 정권을 말한다. 북중국에서는 유목민족의 정권을 잡아 이를 남북조라고 부른다. 화북은 여러 유목민족이 난립했던 5호 16국을 선비족의 북위가 통일했다가, 서위와 동위, 이어서 북제北齊와 북주北周로 계승되었다. 강남에서는 동진 이후, 송宋, 제齊, 양梁, 진陳의 왕조가 이어졌다. 흔히 부르는 6조라는 별칭은 여기에 삼국의 오를 포함한 것으로 강남에 세워졌던 여섯 왕조를 가리킨다.

한나라 말기부터 사실상 중앙정부를 지배했던 지방호족들은 황건의 대봉기를 진압하는 과정에서 군사적으로 더욱 강력해져 황실을 능가했기에 이시기에 비로소 귀족사회가 성립되었다.

송조 8대의 황제 중에서 암살을 모면한 자는 불과 3인 뿐이었으며,

48년간의 안정된 통치를 했던 양무제도 종국에는 후경의 난으로 유폐되어 굶어죽었다.

　귀족들에게 집중된 엄청난 부와 권력은 찬란한 귀족문화를 꽃피웠으나, 그들의 사치스런 생활은 상상을 초월하였다. 사마염 때의 공신인 하증은 매일 1만 전의 비용을 들인 식사를 하면서도 아직도 부족하다고 했다. 극도로 궁핍해진 화북의 농경민들의 행렬이 남쪽으로 내려와 양자강 유역까지 진격했으며, 이들이 떠난 화북의 자리는 북방의 유목민족들로 채워졌다.

사마염

　304년 8왕의 난 때 두각을 나타냈던 흉노인 용병대장 유연의 독립선언으로 시작한 유목민족들의 저항이 5호 16국 시대를 개막했다. 5호란 흉노와 갈족, 몽고계의 선비족과 돌궐족, 서방에서 온 티베트 계의 전진을 말한다.

439년 북중국을 통일하여 최초로 유목민족의 왕조인 북위를 건국하였다. 6세기 중반 북위는 동위東魏·서위西魏로 갈리고, 이어 동위는 북제北齊, 서위는 북주北周가 되었으며, 후량後梁·진晉과 더불어 잠시 이들 4국의 대립이 전개되었다. 그 뒤 북주가 북제를 멸망시켜 북조를 통일하였고 북주를 정복한 수隋에 이르러 남북조시대는 끝이 났다.

07

수, 당, 송, 요, 금, 원나라

1) 수나라

후한의 몰락 이후 분열의 상태가 370년간 지속하다 581년 북주의 외척 이었던 양견이 북주의 왕위를 찬탈하여 수隋나라를 589년에 세우고, 수문제가 되어 통일을 완성했다.

수 문제는 북조의 각 제도를 정비해서 균전제에 기초한 부병제를 실시하고, 조용조의 세제를 정비, 중소 지주층의 관계진출의 길을 연 과거제와 3성 6부의 중앙 관제를 실시, 인보 제10호씩 묶어서 통제를 실시하여 백성들에 대한 통제를 강화했다. 지방귀족들의 저항이 있었지만 다시 강력한 중앙집권 체제가 확립되었다.

수 양제는 문제의 둘째 아들로 어린 시절부터 뛰어난 용모와 재능으로 양친의 사랑을 독점했다. 그는 13세에 이미 진왕에 봉해졌는데, 마침내 형 양용을 죽이고 황위에 올랐다. 양제는 대운하를 개통하여 남북 문물교류를 활발히 함으로써 오랜 남북 분열을 통합하고 통일을 실질적으로 완성했다. 605년부터 610년까지 북으로 북경, 남으로 항주에 이르는 장장 2천 킬로미터의 대운하를 완공하였다. 최초로 중국의 통일을 이루었던 진의 상징물이 만리장성이라면, 수의 중국 재통일을 상징하는 것으로는 대운하를 꼽을 수 있다.

수나라는 대규모 토목공사를 벌여 궁전을 짓고 운하運河를 열고, 세 차례나 고구려高句麗 정벌에 나섰다가 실패하면서 각지에서 농민반란이 일어났다. 결국 618년에 장군 사마덕감司馬德戡, 580~618과 우문화급宇文化及(?~619)이 쿠데타를 일으켜 양제를 목 졸라 죽임으로써 수나라의 짧은 역사는 끝나고 말았다.

2) 당나라

수나라가 몰락한 후, 618년에 이르러 이연이 새로운 왕조를 수립하고 당 고조가 되었다. 역시 북위 이래의 무천진 군벌 출신이었던 고조의 아들 당 태종 이세민은 28세에 피의 숙청으로 권력을 장악한 다음 탁월한 정치를 펼쳐, '정관의 치'라 불리는 당대 최고의 전성기를 구가하여 후대의 군주에게 군주의 이상형으로 널리 추앙받게 되었다. 그는 전통 명족과 한문 서족 출신의 인재를 고루 등용, 신구 세력의 조화 속에서 군주의 정치력을 발휘했으며, 대신들의 반대여론에 귀를 기울여 일인통치의 한계를 최소화하고, 훌륭한 인재라면 건성의 책하였던 위징까지도 높이 등용하는 등 과감함을 보였다.

국내체제를 정비한 태종도 동서의 다른 제왕들과 마찬가지로 대원정을 감행했다. 돌궐, 위구르를 복속하고 다시 비단길을 장악했다. 이들 각국에는 이미 전한 때부터 성립된 중국을 중심으로 한 동아시아의 국제질서, 그것을 상징하는 책봉제공신을 왕, 후에 봉건하던 제도가 다시 강요되었다. 동아시아 각국은 초강대국인 중국으로부터 형식적인 군신관계를 맺고 조공무역을 통해 중국의 선진문물을 교류했으며, 중국이 분열되었을 때는 이를 적절히 이용하는 고도의 외교력을 발휘하기도 했다.

당 태종은 고구려 연개소문의 쿠데타를 문책한다는 이유로 직접 군사를 이끌고 고구려 원정에 나섰다. 안시성의 군민들은 굳게 단결하여 고구려의 후원군이 끊기고 당군에게 포위된 상태에서 1년여의 공방전을 버티어냈다. 때마침 겨울은 닥쳐 병사들은 추위와 굶주림에 떨고, 태종은 어쩔 수 없이 철군명령을 내려야 했다. 다시 대원정을 준비하던 도중, 그는 51세의 나이로 죽음을 맞았다.

그러나 그 뒤를 이은 고종 때 신라와 연합해 백제와 고구려를 멸망시켰다. 당은 백제 땅에 웅진 도독부, 고구려 땅에 안동 도호부, 신라 땅에 계림 도독부를 두고 한반도 전체를 지배하려고 했지만, 신라와의 전쟁에서 패하여 대동강 이북으로 물러났다.

지배층의 부패와 향락이 심해지고, 토지 제도를 비롯한 사회 제도가 제대로 운영되지 않으면서 당은 8세기 중엽부터 점점 어지러워졌다. 국경을 지키던 절도사의 세력이 커지고 중앙 정부의 힘이 약해지자, 안녹산의 난을 비롯한 반란이 곳곳에서 일어났다. 결국 절도사 중 한 사람이었던 주전충이 반란을 일으켜 장안이 함락되면서 당은 중국 대륙에서 사라졌다.

3) 송나라

당唐시대 말기에 농민 대봉기가 발생하고 당 왕조가 멸망한 후에 중국은 정치적인 혼란이 계속되었으며 오대십국五代十國이 서로 병립하는 정세를 형성하였다. 이때에 북방이민족의 정권과 한漢민족의 정권이 북방과 남방에 대립하는 시대가 시작되었다.

오대는 5왕조를 말하는 것이며 이전에 같은 이름의 왕조가 있었기에 이와 구분하기 위해서, 후량後梁(907~922), 후당後唐(923~935), 후진後晉(936~946), 후한後漢(947~ 950), 후주後周(951~959)라는 명칭을 사용하게 된다. 오대는 그 기간이 반세기 동안으로 모든 왕조는 매우 단명하였다.

960년 금군 사령관이었던 조광윤이 쿠데타를 일으켜 황위를 찬탈하여 송 왕조를 개창했다. 중국의 통일은 다음 대인 태종 때, 즉 979년 북한을 쓰러뜨림으로써 완성되었다. 송 태조는 군벌을 제거하고, 재상권을 약화시키고, 군정, 민정, 재정을 분담, 각기 추밀원, 중서성, 삼사에서 관할하게 했다. 이로써 모든 황제권의 강화로 귀결하여 어느 시기보다 안정된 위치에 자리하게 했다.

4) 요나라

거란족의 요, 여진족의 금, 몽고족의 원으로 이어지는 유목민 정복왕조의 행렬은 중국의 일부 절반 끝내는 중국 전역을 송두리째 지배하게 되었다. 천하의 중심으로 자처하던 중국인의 자처하던 중국인의 자존심은 크게 손상을 입었으며, 잇따른 전쟁 속에서 각국의 민족주의는 크게 고양되었다.

거란족은 만주 시라무렌 연안에서 유목생활을 하던 몽고계의 종족으로 8개의 대부족으로 구성되어 있었다. 916년 부족연합의 대칸이었던 야율 성의 아보기가 세습적인 지위를 확보, 전제국가 체제를 갖추고 '대거란국'을 건설했다. 아보기는 926년 만주에 200년간 군림했던 해동성국 발해를 멸망시키고, 몽고지역을 제패했으며, 그를 이은 태종은 석경당의 후진을 후원, 이른바 연운 16주를 얻고, 937년 요나라를 세우고 국호를 '대요'라 했다.

통일을 완성한 송태종은 이 실제의 회복을 위해 여러 차례 북벌을 시도했으나 모두 실패했다. 거란의 지속적인 침략으로 송의 국력은 크게 피폐하게 했다.

5) 금나라

만주에는 퉁구스계의 여진족이 널리 분포되어 반농반목의 부족생활을 하고 있었다. 이들은 발해의 지배하에 있다 거란족의 정복으로 요의 영향을 받고 있었다. 요의 지배하에 편입된 세력은 숙여진, 그렇지 않은 부족들은 생여진으로 불리었다. 생여진 중에 송화강 지류인 이르추흐 강 유역에 거처하던 완옌부가 추장 아골타를 중심으로 급격히 성장하여, 1115년에 독립적인 여진족 최초의 국가를 건설 국호를 대금이라 정했다.

1120년 송은 연운 16주를 회복하기 위하여 금과 연합하여 요를 협공하기로 했는데, 방납의 난이 일어나 공격할 수 없었다. 금군은 독자적으로 일거에 요의 본거지를 쳐들어갔다. 요의 마지막 황제 천조제는 피신하여 서하에 몸은 의탁했지만 1125년 금나라에 체포되어 210여년 만에 멸망했다.

송은 국내정치의 불안도 있고 해서 금나라와의 약속을 밥먹듯이 어겼고, 양국의 관계는 불안정했다. 일단 회군했던 금군은 다시 남하, 이듬해에는 송의 수도 변경을 함락시키고, 1127년 송나라를 멸망시켰다.

6) 원나라

1161년 금나라에 세종이 즉위, 최성기를 구가할 무렵, 몽고 초원에서 용맹한 몽고 부족장 예슈게이와 호겔론 사이에서 테무진이 태어났다. 1206년 몽고의 부족장들은 부족 연합회의인 '쿠릴타이'를 개최하여 백전의 경험을 가진 뛰어난 전략가로 성장한 테무진을 '칭기즈칸'으로 추대했다. 칭기즈칸이란 몽고어로 '강력한 군주'라는 뜻이며, 쿠릴타이는 집회라는 뜻이다.

칭기즈칸은 종래의 씨족제를 해체하고, 사회를 천호, 백호제로 재편하고 대정복을 수행해갔다. 1215년, 먼저 동으로 진격하여 금의 연경을 공략, 하남으로 밀어낸 칭기즈칸을 말머리를 서방으로 돌려 그야말로 질풍노도와 같이 광대한 유라시아 대륙을 제패 해 나갔다.

1225년까지 남으로는 인더스 강 유역에서 서로는 카스피해를 넘어 남러시아에 이르는 중앙아시아 거의 전역이 몽고의 지배하에 들어갔다. 1227년 마침내 서하를 무너뜨리고, 칭기즈칸이 사망하자 칭기즈칸의 정복사업은 그 자손들에게 계승되어 오고타이는 1239년, 금을 멸망시켰고, 몽케는 1258년 세계 최고의 문명 발상지이자 고도의 이슬람

문명국인 서아시아의 압바스 왕조를 무너뜨렸다.

칭기즈칸의 5대 대칸 쿠빌라이는 1279년 동아시아 최대의 문명국 송을 멸망시켜 동해에서 남러시아에 이르는 인류 역사상 전무후무한 세계 최대의 제국을 만들었다. 몽고의 대제국은 몽고 본토 및 중국은 황제의 직할령이 되고, 그 나머지 땅은 이른바 4칸국으로 나뉘어 다스려졌다. 남러시아에는 킵차크 칸국, 서아시아에는 일 칸국, 중앙아시아에는 차가타이 칸국, 서북 몽고에는 오고타이 칸국이 건설되었다.

쿠빌라이는 몽고의 전통 도시 카라코룸을 두고, 제국의 근거지를 중국 내지로 옮겼다. 수도는 금의 수도였던 대도 북경으로 옮겨졌고, 1271년에는 국호를 '시초', 혹은 '근원'이라는 뜻의 '원'으로 정했다. 1279년에는 마침내 남송을 멸망시켰다.

원나라 황실은 라마교의 방중술에 빠져 퇴폐적인 생활로 인해 재정난이 악화되자 지폐가 남발되어 인플레가 심화되자 백성들의 불만은 고조되었다. 이로 인해서 원나라 내부의 국정이 해이해지기 시작하여 사회적 여러 모순들이 심화되어 갔다. 이에 편승해서 여러 지방에서는 폭동이 일어났는데도 중앙에서는 권신權臣들이 정쟁政爭에 여념이 없었다. 폭동은 확대되어 한족漢族에 의한 민족적 반란으로까지 발전하여 주원장朱元璋:洪武帝에 의한 명조明朝정권이 출현하였다.

몽고 군인

08

명나라

주원장은 안휘성의 가난한 집안에서 태어나 17세 때 악질과 기근으로 부모형제를 잃고 황각사라는 절에 들어가 중이 되었다. 당시 원나라의 통치 아래서 중국인들의 생활은 몹시 어려웠으며 농민들이 도처에서 반란을 일으켰다. 그중 가장 대표적인 것이 홍건적의 난으로 1352년으로 그의 나이 25세의 주원장은 홍건적의 반란군을 만나게 되어 홍건적에 가담하게 된다.

주원장이 강남에 근거지를 확보하고 있을 무렵, 주변에는 장사성, 진우량 등이 이끄는 다른 여러 세력이 활동하고 있었다. 각 세력들은 원나라에 대항하는 싸움과 아울러 그들 사이에도 주도권을 둘러싼 치열한 싸움을 치러야 했다.

주원장은 강남의 여러 반란세력을 격파한 후 1368년 남경에서 나라를 세워 '명'으로 하고 황제의 자리에 올라 연호를 '홍무'라고 했다. 원을 정벌하기 위하여 약25만여 명의 군대를 동원해서 북경을 공격하였다. 원의 황태자가 북쪽으로 도망쳐 막북이라는 지역에 나라를 세웠는데 이를 북원이라고 했다. 이로써 몽고족의 중국지배는 1368년에 끝을 맺고, 다시 중국대륙은 100여년 만에 한족에 의해 다스려지게 되었다.

명을 건국한 태조 홍무제 주원장은 황제권을 강화하기 위하여 백성들의 경제와 행정제도의 정비에 힘을 기울이고, 원나라를 몰아내는 데 공이 많은 측근 신하들을 죽였다.

명의 제2대 황제인건 문제는 22세에 황제의 자리를 계승하여 지방의 번황으로 임명된 황족들을 눌러 중앙의 권력을 강화시켰다. 명나라는 건국 이후 200여년이 지나면서 안으로는 환관의 횡포와 도처에서 발생하는 민란, 그리고 밖으로는 왜구와 몽고족의 공격으로 어려운 지경에 빠지게 되었다. 특히 만주지방에서 세력을 확대해 명조를 압박해오는 후금청 세력은 명나라가 쉽사리 막아 내기 어려운 상대였다. 명은 후금과의 싸움

주원장

에 엄청난 국력을 소비해야 했고, 그만큼 백성들의 고통도 깊어질 수밖에 없었다. 백성들의 고통이 커질수록 그 불만을 들에 엎고 반란세력들이 나타나게 된다. 군인들도 반란군에 가담하게 되었으며, 결국 지역의 반란세력의 지도자 중 하나인 이자성에 의해 명나라는 멸망당했다.

09

청나라

청나라는 중국 대륙의 마지막 왕조로, 기간은 1616년부터 1912년까지이다. 1616년 누르하치가 여진족을 통합하여 후금국을 세우고, 1636년 태종 때 국호를 대청으로 개칭하였다. 명나라가 망하는 틈을 타서 중국에 침입하여 '삼번의 난'과 대만의 정씨 세력을 제압함으로써 마침내 중국을 완전히 그들의 손아귀에 넣을 수 있게 되었다.

당시 한족들은 세계에서 가장 오랜 역사와 우수한 문화를 가지고 있었으며, 스스로 최고의 문화민족임을 자부했다. 그것은 중화의식으로 표현되었다. 문화수준이 낮은 소수의 이민족이 중국대륙을 통치하는 것은 쉬운 일이 아니었다. 여러 대륙에 걸친 대제국을 건설했던 몽고의 중국대륙 통치도 채 100여년을 넘지 못했으나 청은 250여 년 동안 중국을 지배했다.

'삼번의 난'을 진압함으로써 중국을 최후로 통일한 시기는 성조 강희제는 대만의 정씨 정권을 굴복시켰으며 몽고를 공격하여 외몽고를 중국의 통치권 내에 포함시켰다. 강희제는 중국을 장악한 이후 한족들의 반발을 무마하기 위해 한족 지식인들을 청조의 통치체제에 참여시키고자 명의 관리들을 대부분 그 자리에 머물게 해, 최고위관직까지도 한족과 만주족을 같은 비율로 임명했다. 지방행정의 대부분은 한족들에게 위임하여 명대의 지방 지배층인 향신층의 지위를 계속 인정해주었다. 문자도 만주어와 한자를 같이 사용하게 했다. 그러나 황제에게 올리는 공식문서만은 만주어로 통일했다.

5대 세종 옹정재는 새로운 통치기루로 군기처를 만들었으며, 지방관들에게 자세한 보고를 하게 하고 직접 그 보고서를 읽고 지시를 내렸다. 옹정제 때에는 한족에 대한 사상탄압 정책이 가혹하게 행해졌다.

또 6대 고종 건륭제도 주변지역에 대한 정복활동을 계속했으며 편찬사업도 계속되었다. 이때 정리된 것이 사고전서다. 이것은 중국사상을 집대성한 것으로 10여 년 간에 걸쳐 10여만 권이나 되었다. 그러나 청조의 입장에서 내용이 문제가 되는 책들은 전부 폐기처분했다. 무수히 많은 책들이 금서로 지정되었고 불에 타 사라졌다. 17세기 후반에서 18세기 말까지 130여 년 간의 강희, 옹정, 건륭제 통치 시기는 청의 전성기에 해당한다.

건륭제 때부터 태평성대를 누리던 관료들의 부패해가고, 영국에 의한 아편무역이 진행되었다. 당시 홍수전은 신이 계시한 지상천국을 만들기 위한 '배상제회'라는 종교단체를 만들었다. 1850년 배상제회에 동조하는 무리들을 모두 모았을 때 1만여 명이 모였다. 그들은 자기의 전 재산을 내놓고 모두 공평하게 분배하는 등 모임 내에서부터 평등을 실현했다. 또한 가족을 풀어 헤치고 남녀를 따로 나누어 군대를 편성했으며, 청나라의 지배에 반대한다는 의미로 만주족이 강요했던 변발을 버리고 머리를 기르고 태평천국이라는 이름의 나라를 선포했다. 1853년 양자강 유역의 남경을 정복하여 남경을 천경, 특 태평천국의 수도로 삼았다.

1864년 중국번이 거느리는 상군이 남경에 대한 총공격을 감행하여 남경을 함락시키고 홍수전은 사망했다. 이홍장이 이끈 회군과 중국번은 합동하여 14년 동안 중국의 중요지역을 대부분 장악했던 태평천국의 끝을 맺었다.

이런 상황에서 청조 지배층 일부에서는 중국의 힘을 강화시키기 위한 방편으로 서양의 근대 공업기술을 도입하려는 움직임이 일어났다. 이것을 양무운동이라고 한다. 양무운동은 곧 서양의 문물을 힘써 배우자는 것으로, 1860년대 초부터 청일전쟁에서 패배하는 1894년까지 계속된다. 양무운동을 담당했던 기관은 총리아문으로 중국번과 이홍장이 중심이 되어 진행되었다.

10

근대

19세기 후반에 이르러 영국, 미국, 프랑스, 독일, 일본, 러시아 등 세계의 대부분의 침략세력들이 중국에 들어와 이권을 나누어가졌고, 중국은 외국의 반식민지로 전락하게 되었다.

청나라의 서태후와 이홍장 등이 중심이 되어 수행한 청일전쟁에서 패배하자 강유위와 양계초는 근본적인 개혁을 추진해야 한다는 주장 하였다. 당시 황제인 광서제는 강유위 일파의 개혁안을 실천에 옮기고 자 했다. 1898년 제도의 개혁들을 주로 하는 개혁세력들과 함께 제도 를 새롭게 한다는 의미에서 '변법자강운동'이라고 하기도 하며, 무술년 에 있었다고 하여 '무술개혁'이라고 한다. 개혁내용은 과거제 개혁, 새로 운 학교제도의 도입, 신문, 잡지 발행, 인재등용, 농공상업 진흥, 우편 사업, 육해군의 근대화 등이다. 그러나 원세개와 서태후는 무술정변을 일으켜 황제 광서제는 유폐하고, 개혁파들은 숙청당해 103일 만에 개 혁운동은 실패로 돌아갔다.

아편전쟁 이후 청은 계속 외국의 강압에 의해 굴욕적인 조약을 맺었으며 중국의 이권은 잇따라 강대국의 손으로 넘어갔다. 그러자 이에 반대한 의화단 20만 명은 1900년 5월 천진과 북경에 들어가 모든 외국 세력에게 물러날 것을 요구하면서 외국공사관이 모여 있는 지역을 호위했다. 청조에서는 의화단을 제압하기 위해 군대를 파견했으나 번번이 의화단에 패했다.

의화단의 피해가 심각해지자 영국, 프랑스, 러시아, 미국들은 공동으로 청나라에 군사를 파견하기로 결정했고 여기에 일본, 이탈리아, 독일 등이 가담한 8개국 연합군이 6월 17일 천진에 공격해 들어왔다. 1901년 9월 청은 제국주의 침략세력과 '북경 의정서'를 맺었다. 이 조약은 외세에 반대하는 관리들의 처형, 외세배척운동에 대한 철저한 탄압, 중국 포대의 철거, 북경의 공사관이나 교통의 요지에 외국군사 주둔 허용, 배상금의 지불 등의 내용으로 청나라는 제국주의 열강들에 의해 국권이 박탈된 반식민지로 전락하게 되었다.

1866년 광동성에서 가난한 농부의 아들로 태어난 손문은 12세 때 형이 있는 미국 하와이로 건너가 그곳에서 서양학문을 접하게 된다. 1886년 홍콩으로 돌아와 의학을 공부하고, 1893년에 광주에서 의사생활을 시작했다. 그러나 손문은 중국의 현실개혁에 더 큰 관심을 가지고, 다시 1894년 하와이로 건너가 중국혁명을 위한 흥중회를 결성하고 이듬해 홍콩에 흥중회 본부를 설치했다. 그를 비롯한 혁명가들의 목적은 만주족을 몰아내고 중국에 새로운 민주주의 공화국을 수립하는 혁명을 준비하였으나 발각되어 실패하게 되었다.

1895년의 혁명계획이 실패한 이후 1900년 홍콩에서 다시 혁명계획을 세워 광주와 혜주 등에서 동시에 봉기하였으나 참여 세력의 미진한 참여로 실패했다.

손문에 의해 제시된 삼민주의의 삼민이란 민족, 민권, 민생이다. '민족'은 민족주의적인 한족 국가를 세우기 위해 제국주의 외국세력에 묶여 있는 청조를 타도하는 것이며, '민권'은 인민들의 권리가 보장되는 민주주의 정치체제를 만드는 것이며, '민생'은 인민들의 안정적인 생활을 갖추어줄 수 있는 경제정책으로 토지개혁을 통해 토지소유권을 고르게 하는 것이었다.

혁명파는 1907년 이후에도 10여 회에 걸치는 무장봉기를 시도했으나 모두 큰 성과 없이 실패로 끝났다. 그러나 청의 지배에 대한 반감이 중국인민들 사이에 뿌리 깊게 박혀 있었고, 혁명세력들이 군대 내를 장악하였다. 결국 1911년 10월 우창신군武昌新軍이 봉기하여 신정권을 수립, 신해혁명의 도화선에 불을 붙여 한달여 만에 13개 성이 청으로부터 독립을 선언했다.

11월 15일 독립을 선언한 각 성의 대표는 상해에서 모여 대표회를 우창에 설립할 것 등을 결의했고, 우창으로 옮긴 혁명세력의 성대표들은 임시정부 구성안을 발표했다. 그리고 혁명세력의 상징인 손문이 12월 25일 귀국하여 상해에 도착하자 29일 임시대총통 선거에서 성대표들의 압도적 지지로 이시총통에 선출되었다.

결국 1912년 1월 1일 남경에서 정식으로 중화민국이라는 이름의 혁명 정부가 선포되고 손문은 총통이 되었다. 이로 인해 2천여 년 동안 지속되어왔던 절대 군주제도가 무너지고 최초의 근대적인 공화정 정부가 되었다.

손문

원세개

1911년 청나라 타도를 외치는 신해혁명이 일어나자 실질적인 군사력을 가진 원세개는 청조의 내각 총리대신의 자리에 오르게 되었다. 그는 황제의 지위를 넘보고, 화평을 내세우면서 혁명세력을 공격했다. 결국 원세개와 혁명군 사이에 청조를 폐지하고 공화국을 수립하는 조건으로 타협이 이루어졌다. 1912년 원세개는 임시총통인 손문이 사임한 후 총통 자리에 앉았다.

원세개에게 비판적인 입장을 보였던 일부 성의 도독들이 중심이 되어 1913년 7월 원세개 타도를 위한 사령부를 설치하고 신해혁명에 이은 제2혁명을 일으켰으나 원세개가 좌절시켰다.

전국에서는 다시 원세개를 타도하자는 움직임이 거세게 일어 원세개를 반대하는 제3차 혁명이 일어나 58세의 나이로 욕된 생을 마감하고 말았다.

중국 현대사의 전개에서 가장 중심적인 위치에 있는 것은 공산당과 국민당이다. 국민당은 공산당보다 먼저 장제스蔣介石에 의해서 창설되었고 1949년 공산당과의 내전에서 패할 때까지 중국을 실질적으로 지배했던 정당이다. 그러나 중국대륙에서의 싸움은 최종적으로 공산당의 승리로 돌아갔다. 대륙에서는 마오쩌둥毛澤東이 이끄는 공산당에 의해 중화 인민 공화국이 수립되었다. 국민당은 신해혁명으로 성립된 중화민국이라는 이름을 가지고 대만으로 가게 된다.

장제스　　　　　　　　　　　마오쩌둥

11

현대

    50년대 말 60년대 초 마오쩌둥은 많은 핵심당원이 모인 확대 중앙 공작회의에서 반동세력의 잔존을 결코 가볍게 보아서는 안되며 그들에 대해 계속 투쟁해야 한다면서 문화대혁명을 시작하였다.

    1966년 6월 모택동은 북경대학장을 비난하는 하나의 대자보를 널리 공개하기로 하고, 그것을 계기로 그를 비판하는 세력들에 대한 대대적인 반격을 시작했다. 청년 노동자, 대학생, 중학생, 심지어 소학교 학생 등이 가담한 홍위병 단체가 무수히 만들어지면서 모택동의 외침에 호응하여 일제히 거리를 휩쓸기 시작했다. 1966년 8월 천안문광장에서는 문화대혁명을 축하하는 100만인 집회가 열렸으며 모택동은 이러한 광기를 동원하여 유소기, 덩샤오핑 등을 자기비판하게 하여 실각시켰다. 1968년에 이르러 린뱌오林彪가 이끄는 해방군의 지원을 받아 전국적으로 혁명위원회를 설치하고 당권파를 숙청하였고 1969년에 와서 끝을 맺게 되었다.

문화 대혁명기에 모택동의 혁명동지이자 유력한 당 간부였던 류사오치刘少奇와 등소평은 실각하여, 유소기는 감옥에서 폐렴으로 죽었으며 덩샤오핑邓小平은 강서의 한 시골 트랙터 공장으로 쫓겨 갔다. 모택동의 우상숭배는 날이 갈수록 기승을 부리고, 1969년에 중국공산당 9전대회가 열려 린뱌오가 모택동의 후계자로 정식 지명되고, 모주석 바로 다음 직위인 부주석에 임명되었다. 그러나 린뱌오가 비행기 추락사고로 사망했다. 린뱌오가 죽은 후 등소평은 1973년 중앙에 복귀했다.

린뱌오

덩샤오핑

1969년 우수리 강을 사이에 두고 소련과 중국이 영토 분쟁이 일어나자 중국은 미국을 끌어들이게 된다. 1969년 미국의 닉슨 대통령은 이른바 '닉슨 독트린'을 발표하고 긴장과 대결의 냉전체제를 청산하려 하였고 닉슨 독트린으로 세계는 냉전체제에서 벗어나 긴장완화 시대,

이른바 '데탕트'의 시대에 접어들게 된다.

1970년 11월의 유엔총회에서는 중화 인민 공화국을 유엔에 받아들이고 대만을 밀어내자는 안이 알바니아에 의해 제안되어 과반수를 간신히 넘기면서 통과되었다. 1971년 4월 미국의 탁구팀이 중국을 방문하면서 '핑퐁외교'가 되었다. 1971년 10월 유엔총회에서 중국의 유엔가입이 승인되고 중국은 안정보장 이사회 상임이사국이 되었으며, 대만은 유엔을 탈퇴했다.

1972년 2월 닉슨이 북경을 방문하여 미국과 중국 사이에 그 동안의 적대관계를 끝내고 관계를 정상화 한다는 상해공동성명을 발표하였다. 73년 이후 등소평의 위치는 강화되어 1975년 에는 당부주석, 인민해방군 총 참모장에 임명 되었고 1975년 이래 생산 활동을 향상시키는 경제정책을 적극 추진했다.

미국과 중국은 스포츠나 문화 등으로부터 관계를 발전시켜 나가기로 하고, 1973년 키신저는 다시 중국을 방문, 중화 인민 공화국과 미국이 북경과 워싱턴에 연락 사무소를 열기로 합의했다. 양국의 정치가들과 민간인들의 교류는 빈번해졌으며 교역량도 급속하게 늘어났다. 냉전체제는 끝나고 세계는 다극화시대로 접어들게 되었다.

1976년 혁명 1세대이자 당의 핵심인 주은래가 죽었다. 덩샤오핑은 1976년 4월 미국과 수교 역할을 담당한 저우언라이周恩來를 추모하기 위해 천안문 광장에 모인 군중들을 배후조종했다는 죄목으로 다시 공산당으로부터 추방된다.

저우언라이   화궈펑

　　1976년 9월 마오쩌둥은 마침내 숨을 거두었고 화궈펑華國鋒이 주
석에 취임했으며, 덩샤오핑은 1977년 7월 당부주석, 총참모장 및 국무
원 부총리의 지위로 복귀하여 당 서열의 2인자의 위치에 있게 되었다.
그러나 화궈펑은 문화대혁명의 전통을 계승해야 된다고 주장하였으나
등소평은 대외 개방을 하고 적극적으로 경제개발에 나서야 한다고 주
장했다. 1978년 11월 3중 전회 준비대회에서 등소평은 사상해방, 실사
구시, 일치단결 전진이라는 표어를 내걸고 화궈펑의 노선이 잘못되었
음을 자아비판하도록 요구했다.

　　1980년 9월 화궈펑은 사임하고 덩샤오핑은 중국공산당 군사위원
회 주석의 직책을 가지고 실질적으로 중국의 최고 지도자가 되었다.
중국은 마오쩌둥이 죽고 덩샤오핑이 실권을 장악한 이후 10여 년간 개

혁과 개방정책을 적극적으로 추진했다. 이러한 개혁 및 개방정책은 완고한 사회주의체제에 묶여 있던 중국을 커다란 혼란 속에 빠뜨렸다.

1989년 자오쯔양趙紫陽은 당 총서기를 맡아 후야오방胡耀邦과 함께 덩샤오핑鄧小平의 후계자로 주목을 받아왔으나 그해 5월 민주화 시위인 톈안먼天安門 사태 당시 무력진압에 반대하고, 민주주의를 추구하는 학생들과의 대화를 모색하다 당에서 축출됐다. 그는 또 당을 전복하려는 음모에 가담했다고 비난받았으며 이후 상당 기간 가택연금 상태에 처해졌다.

1989년 6월 장쩌민江澤民당은 총서기 자오쯔양이 톈안먼天安門 광장에서 일어난 민주화 시위에 동조하였다는 이유로 실각하자, 같은 달에 개최된 제13기 4차 중국공산당 중앙위원회 전체회의에서 덩샤오핑의 후원을 받아 당 총서기에 선출되었다. 이어 1990년 4월 중국의 최고실권자 덩샤오핑의 마지막 공직이었던 국가중앙군사위원회 주석에 선출됨으로써 당과 정부의 전권을 완전히 장악하였다.

1992년 8월 한국과 중국은 국교를 열었다. 중국은 한국과 수교하는 조건의 하나로 대만과의 단교를 요구했다. 대만은 한국에서는 자유중국이라는 이름으로 불리어졌다.

1992년 10월 후진타오胡錦濤는 장쩌민 주석의 뒤를 이을 제4세대 지도자로 지명됐으며 49살의 나이로 최연소 정치국 상무위원에 올랐다. 2002년 11월 16차 전국대표대회에서 공산당 총서기로 선출됨으로써 중국 공산당 제4세대 지도자의 세대교체를 이뤘으며, 2003년 3월 장쩌민 주석의 후임으로 국가주석에 당선돼, 당정의 최고 지도자로 부상했다.

이후 2004년 9월 당 중앙군사위원회 주석을 물려받은 뒤 2005년 3월 형식적인 절차이기는 하지만 국가중앙군사위 주석을 승계함으로써, 명실상부한 최고 통수권자가 됐다.

후진타오 주석은 2012년 11월 열린 중국 제18차 전국대표대회 18차 당대회 대회에서 마지막 업무보고를 통해 개혁개방추진, 당내 민주정치 진전 등 지난 10년 간의 업적성과를 발표한 뒤, 시진핑習近平 중국 부주석에게 당 총서기직을 이양했다.

장쩌민

후진타오

시진핑은 1953년 6월 15일, 베이징에서 혁명 원로로 부총리였던 시중쉰의 아들로 태어났다. 아버지는 섬서성의 토착 공산주의자로 류즈단劉志丹과 함께 해방구를 건설했다. 이후 중국 최남단에 있던 장시 소비에트가 국민당군이 철저히 준비하여 추진한 제5차 초공작전으로 삽시간에 붕괴하면서 공산당 지도부가 대장정을 거쳐 섬서성으로 피신해

오자 시중쉰은 혁명의 새로운 근거지를 건설했다는 공로로 일약 당고위직에 진입한다.

시중쉰은 동료 공산당원 하오밍주郝明珠와 결혼했다가 1남 2녀를 낳았다. 1943년 이혼 후 1944년 치신齐心, 제심과 재혼했다. 시중쉰은 치신과 2남 2녀를 두는데, 시진핑은 그중 셋째이다.

1962년 소설 류즈단 필화 사건에서 반당反黨 집단의 낙인이 찍혀 오지로 귀양갔고, 당시 16살이었던 시진핑도 아버지를 따라 산시성 시골로 하방추방되어 불행한 시절을 보냈다.

1973년 공산당에 입당하고 베이징으로 올라와 1975년 칭화대학의 화공과에 입학했다. 덩샤오핑이 주석이 되자 1978년 16년간 야인으로 지냈던 시중쉰을 정계로 복귀시켰고, 시중쉰은 그해 말 광둥성 당위원회 제1서기로 승격되어 광둥성의 일인자가 되었다. 대학을 졸업하게 된 시진핑도 당당히 태자당에 진입하게 되었다.

1982년부터 시진핑의 지방 간부로서의 첫 부임지는 허베이성 스자좡石家庄시 정딩正定현이었으며 직책은 당위원회 부서기였다. 현의 3인자에 해당하는 자리였다. 1982년 3월의 일로 당시 28세였다. 1990년대부터는 푸젠 성, 저장 성 등 동남부 지방 정부에서 지내고, 2007년 상하이시 당위 서기를 지내면서 장쩌민과 주룽지의 파벌인 상하이방과도 관계를 맺게 되어 태자당과 상하이방 양쪽의 후원을 받는 거물로 성장했다.

1998년부터는 전국인민대표대회 대표도 역임해왔으며 2008년에는 국가 부주석 직에 올랐다. 2010년에 당 중앙 군사위 부주석 직에 오르면서 후진타오를 이을 차기 지도자로 공인되었다. 2013년 중국 공산당 제

18회 당 대회 때 후진타오로부터 당 총서기와 중국 공산당 중앙군사위원회주석 자리를 동시에 이양 받았고, 2013년 3월 후진타오의 국가 주석 임기가 끝나면서 전국인민대표대회를 통해 국가 주석 직도 승계하였다.

총서기가 된 이후 절대 권력자가 된 것에는 시진핑의 정치력이 큰 힘을 발휘했다. 총서기 취임 이후에도 반부패 운동을 시작으로 '시진핑 주석은 성역 없는 사정의 칼날을 휘두르고 있다. 그 칼 끝에 엄청난 권력을 휘두르던 저우융캉 전 중국 공산당 정치국 상무위원과 류즈쥔 전 철도부장, 보시라이 전 충칭시 서기가 단칼에 쓰러졌다. 그리고 쑤룽苏荣 전국 인민정치협상회의 부주석, 한푸차이韓福才 전 칭하이 성 인민대표대회 부주임, 정샤오위鄭篠英 전 국가식약감독국 국장 등이 각종 비리와 공금 횡령으로 파면 당했다.

2018년 3월 11일에는 개헌을 통해 국가주석직은 세 번 이상 맡을 수 없다는 조항을 삭제하여 종신 집권으로 가는 문까지 열었다.

시진핑 중국 국가 주석

제2장 중국의 역사

제3장

중국의 문화

01

중국의

전통 사상

중국의 전통사상은 중국인 특유의 정신세계를 이해하는데 도움을 준다. 중국의 전통사상이 일반화된 것은 맞지만 모든 중국인에게서 공통적으로 나타나는 것은 아니다.

어떤 사람들은 중국인의 대다수를 차지하는 서민들은 도가사상, 불교 도교를 중요하게 여기고, 대신 유교적 전통은 지배계층에 한정된다고 생각하기도 한다. 어떤 사람은 유교적 세계관이야말로 중국적 전통의 핵심이며 불교는 외래 종교라고 주장하기도 한다.

1) 유교

유교儒敎는 중국 춘추시대 말기에 공자孔子가 체계화한 사상인 유학儒學의 학문을 이르는 말로, 동아시아 특유의 종교 및 철학 체계이다. 시조 공자의 이름을 따서 공교孔敎라고도 한다. 중국의 유교는 옛날 중국 공자의 가르침에서 시작된 도덕 사상. 인仁 사상을 바탕으로 나라에 대한 충성과 부모에 대한 효도를 중시하는 사상이다.

유교의 특징 또는 핵심 사상은 수기치인修己治人으로, 수기치인은 자신의 몸과 마음을 닦은 후에 남을 다스리는 것으로서 위정자가 갖추어야 할 덕목이다. 즉, 유교는 자기 자신의 수양에 힘쓰고 천하를 이상적으로 다스리는 것을 목표로 하는 학문이며 또한 그것을 향한 실천이라고도 할 수 있다.

2) 도교

중국의 도교는 신선 사상을 기반으로 노장사상·유교·불교와 여러 신앙 요소들을 받아들여 형성된 종교다. 종교로서의 도교는 삼국지로 유명한 장각의 태평도太平道와 장릉의 오두미도五斗米道를 시초로 하여 남북조시대에 구겸지가 지금의 기틀을 마련하였다. 도교라 지칭하면서 당나라 시대에는 국가에서 장려하는 종교로서 힘이 세지기도 했다. 현대 도교는 크게 전진교全眞敎와 정일교正一敎 등이 있다.

도교의 교리는 자연의 법칙에 순응하고 자연에 대한 경외심을 통해 자신을 개선하는 것이다. 도교는 인간이 "하늘과 땅이 함께 살고 만물과 나는 하나"의 상태를 달성하기 위해 자연을 존중하는 것이 최고의 기준임을 강조하는 일종의 자연을 숭배하는 미신으로 자연의 모든 것을 두려워하며, 자신의 삶을 완성해가는 종교다.

3) 불교

중국에 불교가 전래된 것은 서역기원 전후였으며, 처음 전해진 불교는 인도 불교가 아닌 서역 불교였다. 2세기 후반에는 서역과 인도에서 들어온 불경이 번역되기 시작하면서 불교는 중국에서 확실한 기초를 형성하게 되었다.

북위北魏 시대에는 대규모 석굴불상이 만들어졌다. 그 대표적인 것으로는 운강석불雲崗石佛과 용문석불龍門石佛이 있다.

19세기에는 서구 열강의 쇄도와 함께 서양의 종교분류학도 같이 소개되어 이를 기조로 하는 불교의 개혁이 시작되었다. 1949년 중화 인민 공화국 수립 이후 시작된 종교 통제는 문화대혁명 때 절정에 달해 중국 불교계는 일대 타격을 입었다. 이후 덩샤오핑의 개혁개방, 중일 수교 이후 일본 불교계와의 교류가 늘어나 중국 불교계는 조금씩 회복되는 추세이다.

02

중국의

사상적 조류

1949년 중국 대륙을 장악한 중국공산당은 아주 일부를 제외한 중국의 전통사상 전반에 대해 매우 부정적이었다. 중국 전통사상의 절대적인 부분을 차지하는 공자에 대한 비판 운동이 여러 차례 전개되었으며, 숙청 대상인 정적들에 대해서는 봉건사상의 잔재를 청산하지 못했다는 비판이 가해지기 일쑤였다. 전통사상은 맹목적인 수호 대상이 되거나 일방적인 성토 대상이 되어 온 것이 19세기 중반 이후 중국의 현실이었다.

중국 외부의 국가에서도 오랜 중국의 전통사상은 합리적인 분석이나 연구의 대상이 되지 못하였다. 아시아의 강국으로 부상한 일본은 중국을 문명적 실체라기보다는 제국주의적 침략의 대상으로 인식하였으며, 중국의 전통은 일본적 근대화를 통해 타파되고 제거되어야 할 대상이었다. 일본은 중국보다도 훨씬 가혹하게 중국의 전통문화를 배척하였다.

일본이 패망하고 중국역사상 최초로 성공을 거둔 시민적 근대화 운동으로 일컬어지는 5·4운동은 전통사상에 대한 부정과 서구 근대 사상의 수용을 구호로 내건 운동이었다. 이후 중국의 현대사 발달 과정에서 전통사상은 자취를 감추게 되었다.

현대 중국을 이끄는 사상적 흐름은 주로 서구에서 들어온 자유주의와 사회주의에 의해 양분되었으며, 경직된 정치적 상황으로 인해 전통사상은 학문영역에서만 명맥을 유지하였다. 특히 사회주의가 지식인들 사이에 널리 유포되고 1949년 중국 대륙에 사회주의 정치권력이 들어선 이후 전통사상은 자주 봉건적 잔재로서 비판당하였다.

중국의 전통사상은 비록 주류의 대열에 끼지 못했지만 일부 학자들 사이에서 꾸준히 명맥을 유지해 왔다. 당시 활동했던 근대적인 전통사상 연구가 가운데 20세기 전반기를 대표하는 사람으로는 량수밍梁漱溟과 펑유란馮友蘭을 꼽는다. 량수밍은 전통사상을 옹호하는 입장에 서서 일종의 유교적인 현대 사회체제로서 향촌 사회 건설의 논리를 제기

량수밍梁漱溟　　　　펑유란馮友蘭

한 것으로 유명하다. 펑유란은 중국의 전통철학을 서양철학과의 관계 아래 재조명하여 고찰한 중국 심리학의 선구자로 꼽힌다.

중화 인민 공화국 건국 이후 중국대륙에서는 전통사상에 대한 논의가 수면 사라졌다가 1980년대 후반 '문화열논쟁'文化熱論爭을 통해 다시 중국인들의 관심사로 부상하였으며 최근에는 중국공산당도 유교를 비롯한 전통사상의 의의를 적극적으로 인정하기 시작하였다.

03

중국의

언어

중국어를 나타내는 말로는 중국어, 중국화^{中國話}, 중문^{中文} 등의 표기 외에도 한어라는 단어가 있다. 한어는 한족이 사용하는 말로 1949년 이후부터 중국어를 지칭하는 단어로 쓰이기 시작했다. 중국은 절대다수의 한족과 55개의 소수민족으로 이루어진 다민족 국가이다. 이들 소수민족도 각기 제 민족의 언어를 가지고 있기에 한족의 언어를 포함해 모두 중국어라 할 수 있다. 이를 구별하기 위해 한어^{漢語}라는 단어가 생겨난 것이다.

중국은 대다수가 한족이기 때문에 한족이 사용하는 한어^{漢語}는 전국을 대표하는 언어로 여러 민족의 교류에 중요한 역할을 하고 있다.

중국공산당이 1949년 정권을 잡은 후 북경어 발음을 표준어로 하여 오늘날까지 널리 사용되고 있다. 중국어의 표준어를 보통화라고 하며, 영어로는 만다린(Mandarin)이라고 부른다.

1955년부터 중국 정부는 '국어^{國語}'라는 말 대신에 '보통말^{普通話}'이

라고 하여 전국적으로 사용되는 언어로 보급하고 있다.

한어를 표준으로 사용하지만 넓은 영토에서 수많은 사람이 다양하게 사용하는 언어이기 때문에 지역적인 차이가 매우 심하다. 예를 들어 광동성의 사람들이 북경으로 여행을 가서 광동어로 질문하면 북경 사람들은 전혀 알아듣지 못한다. 지역 간의 방언이 심해 외국어처럼 사용되며, 중국의 방송을 보면 쉽게 이해가 될 것이다. 중국의 방언을 구분하면 7가지 방언으로 나눌 수 있다.

1) 관화 방언官話方言

통상 황하를 중심으로 북쪽 지역의 베이징어 서북 방언, 동북 방언, 후베이 방언 등을 포함하는 방언으로 북경어가 여기에 포함된다. 성조는 4개를 사용한다.

2) 오방언吳方言

쑤저우, 상하이, 저장 방언을 포함하며, 성조가 7개인 것이 특징이다.

3) 민방언閩方言

복건지역, 광동의 동부 및 해남성과 뢰주雷州 반도의 일부 지역, 대만의 대부분 지역, 절강성 남부와 복건성이 맞닿은 일부 지역에서 사용하는 방언이다. 민방언 지역 내에서도 차이가 크고, 어음현상이 가장 복잡하며, 성조는 7개이다.

4) 월방언粵方言

광동성의 대부분 지역, 광서의 동남부 지역에 분포되어 사용되는 방언이며 광둥어라고 부른다. 성조는 9개이다.

5) 공방언贛方言

강서성 북부와 중부 지역 방언방언이다.

6) 상방언湘方言

호남의 동정호 이남 지역에 분포되어 있다. 대표지역은 장사이고, 성조는 6개이다. 호남성 출신인 마오쩌둥은 공식석상 외에서는 상방언을 사용한 것으로 알려져 있다.

7) 객가방언客家方言

남부와 광동의 북부, 복건의 서부 및 대만의 신죽新竹, 묘율苗栗 등지에 분포되어 있다. 성조는 6개이다.

위구르 지역 주민

04

중국의 성조와
소수민족 언어

성조聲調는 음의 높낮이를 말한다. 중국어에는 각 글자마다 음의 높낮이가 있으며, 동일한 발음이라도 이 성조 때문에 뜻이 달라지는 단어도 많다.

중국은 성조가 보통 4개를 사용하는데 이를 1성, 2성, 3성, 4성이라고 한다. 성조의 특징을 보면 다음과 같다.

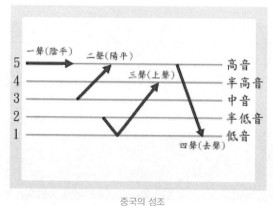

중국의 성조

1성은 제일 높은 음으로 길게 발음해 준다. 2성은 아래에서 위로 빠르게 올라가는 특징이 있다. 3성은 중간쯤에서 아래로 내려갔다가 다시 올라가는 성조로 중국어 음의 높낮이의 맛을 가장 잘 느낄 수 있는 성조라 하겠다. 4성은 위에서 아래로 강하고도 짧게 내려오는 성조이다.

중국에서는 4개의 성조 외에, 경성輕聲이 있다. 경성은 북경 지역에서 두드러지는 특징으로 가볍고 짧게 튕기듯이 발음하고, 4개의 성조와 달리 성조 표기를 하지 않는다.

소수민족 언어는 크게 차이나 티베트 어족한어, 캄타이어, 티베트어, 먀오야오어파, 알타이 어족터키어, 몽골어, 퉁구스어파, 오스트리아 아시아 어족와파라웅어파, 소수의 인도·유럽 어족러시아어 타시크어파으로 나눌 수 있다. 소수 민족의 언어와 문자의 사용은 헌법에 의하여 보장받기 때문에 보호, 육성되고 있다.

위구르 남성

제3장 중국의 문화

05

중국의

문자

중국의 문자를 한자漢字라고 부른다. 한자는 전 세계에서 가장 오 랫동안 유지되고 있는 글자이며, 현재 가장 많은 인류가 사용하고 있 는 글자다.

한자의 기원에 관해서는 예부터 전해 내려오는 '결승조자설結繩造字 說'과 '창힐조자설倉頡造字說'이 있다.

'결승조자설結繩造字說'은 노끈을 매듭지어 기호로 나타내는 방식으 로 만들어졌다는 설을 말하고, '창힐조자설倉頡造字說'은 한자가 '창힐倉 頡'이라는 인물에 의해 만들어졌다는 설을 말한다.

중국의 역사와 문화를 기록한 최초의 한자는 갑골문甲骨文으로 시 작하여 재료에 따라 금문金文, 죽간竹簡이 있다.

1) 갑골문甲骨文

갑골문은 3,400여 년 전에 나타난 최초의 중국문자로, 상의 수도였던 은허殷墟에서 왕의영王懿榮이 최초로 발견한 이후 중국 도처에서 대량으로 발굴된 중국 고대 문자로서 거북이의 배딱지龜甲와 짐승의 견갑골獸骨에 새긴 상형문자다.

당시 사람들은 전쟁이나 사냥, 제사, 왕의 혼례, 왕후의 출산 등을 앞두고 짐승의 뼈에 찬鑽과 착鑿이라는 홈을 파서 그 뒷면을 불로 지져 갈라지는 홈의 모양새에 따라 길흉을 판단했다. 점을 친 후, 점 친 날짜, 시행자의 이름, 점을 친 사항 및 점의 결과 등을 문자의 형식으로 새겨 놓았다. 갑골문은 주로 청동으로 만들어진 칼이나 옥으로 만든 예리한 도구로 딱딱한 갑각이나 짐승 뼈 위에 새겨 놓았기 때문에 필획이 날카롭고 직선과 모난 것이 특징이다.

갑골문

2) 금문金文

은나라 말부터 주나라 시기에 사용되던 문자로 금속청동에 새기거나 주물로 만든 문자이다. 금문은 주나라의 갑골 문자와 거의 일치하며 그 뜻을 유추하는데 있어서 도움이 된다. 명문銘文이라고도 불리며, 서주西周 및 춘추전국시대 기원전 11세기~기원전 3세기에도 쓰였다.

금문에는 들어가게 생긴 글자는 음문陰文이라 하고 돌출되게 나온 글자는 양문陽文이라 하며, 제작 상 간편하여 음문이 많다. 금문의 글자체는 갑골문과 비슷하나 갑골문에 비해 글자 수가 많기 때문에 내용도 갑골문에 비해 다양하다.

금문

3) 죽간竹簡

죽간竹簡은 대나무를 엮은 뒤 그 위에 글씨를 쓰는 기록수단이다. 죽간으로 이루어진 편지를 죽찰竹札이라 부르기도 한다. 종이가 발명되기 전까지 가죽이나 비단과 더불어 사용되었으며, 무게가 무거워서 이동이 불편한 단점이 있었다. 진나라의 시황제의 문화 탄압인 분서갱유 사건 당시 유학자들과 더불어 탄압받는 비극을 당하기도 했다.

06

중국의

글자체

중국의 글자체는 대전大篆, 소전小篆, 예서隸書, 초서草書, 해서楷書, 행서行書를 거치면서 발전했다.

1) 대전大篆

대전은 전국시대 주나라 선왕 때, 태사 주가 만들었다는 한자의 서체이다. 고전 팔체시의 하나이다. 대전은 주나라에서 만든 글자라는 뜻으로 주문籍文이라고도 하며, 전문의 전신을 이루는 것이다.

대전은 허신의 〈설문해자〉에 220자가 수록된 것 외에는 확실한 자료가 없으며, 글자체는 금문보다는 단정하고 짜임새는 소전에 비해 획이 복잡하고 많다.

2) 소전小篆

진시황은 천하를 통일하면서 국가 정비를 위해 화폐 통일, 도량형 통일, 문자의 통일 등을 단행했다. 이 통일 문자가 바로 소전小篆이다. 소전은 대전을 근거로 만들어졌고, 이 소전보다 이전에 사용된 글자체 라는 의미로 대전이라 부른다. 이로써 한자는 지역적 혼란을 벗어나 표 준자체를 갖추게 되었고, 소전은 최초로 규범화된 문자로 고대문자에 서 근대문자로 넘어가는 발판이 되었다.

소전小篆은 〈설문해자〉에 9,353자를 수록하고 있는데 이전 문자에 비해 상형성이 적어지고 필획이나 변방을 쓰는 방법이 고정되었으며 글 자 모양 역시 장방형으로 고정되었다는 특징이 있다.

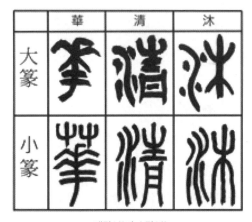

대전大篆과 소전小篆

3) 예서隸書

소전이 진보되고 통일된 글자체였으나, 중요 문건이나 공식적인 경우 에만 썼기에 높은 신분의 사람들만 사용하기 어려웠다. 그래서 일반 민 간사회에서 소전보다 더욱 간략화 된 예서라는 글자체가 서한西漢 중기에 이르러 공식적으로 통용되었으며, 본격적인 근대문자가 시작하였다.

예서隷書

예서隷書의 특징은 옆으로 넓게 퍼진 모양을 하고 '있고, 곧으며', 마지막 부분이 갈라져 날아갈 듯한 삐침 획을 형성하고 있다. 뿐만 아니라 예서는 필획이 굵은 것도 있고 가는 것도 있어 변화가 다양하고, 모든 윤곽이 납작한 모양이라 단정하고 안정된 느낌을 주며, 사용하기에도 실용적이고 편리하다.

예서를 기준으로 하여 초서, 해서, 행서 등의 글자체가 형성되었다.

4) 초서草書

초서란 예서를 간략하게 흘려 쓴 글자체를 말한다. 예서가 쓰기 불편해 예서의 윤곽이나 글자의 일부분만을 필기체 형식으로 흘려 쓴 것이 바로 초서이다.

초서체의 특징은 글자의 형상이 고도로 간략해져서 흘려 쓰고 빨리 써서 필획과 필획이 연결되고 글자와 글자가 연결되는 데 있다.

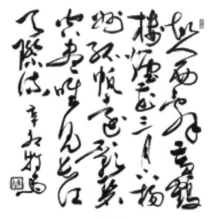
초서草書

초서는 장초章草, 금초今草, 광초狂草 등 세 가지 종류가 있다. 장초에서 광초로 갈수록 흘려 쓴 정도가 심한데, 서예가인 왕희지의 글씨가 금초의 대표적인 글자체이다. 장초와 금초는 눈으로 식별이 가능하지만, 금초를 기초로 하여 만들어진 광초는 정보교환 등의 문자로서의 기능보다는 서예라는 예술 대상으로 사용하게 되었다.

5) 해서楷書

지나치게 흘려 쓴 초서의 글자체가 식별이 어렵게 되자, 예서와 초서의 단점을 보완하고 장점을 취하여 이름처럼 '본보기가 되는 모범 자체'라는 의미의 또박또박 한 획씩 쓰는 단정한 형태의 해서가 등장했다. 그래서 해서를 진서眞書, 정서正書, 금예今藝라고도 한다.

해서楷書

해서는 예서의 삐침법 등 불편함을 다듬고 줄이고 초서의 산만함과 식별 어려움을 없애 정교한 필획과 깔끔한 구성으로 형성되었다. 간단하고 쓰기 쉬우며 글자의 구별이 쉬워서 현재까지도 한자 문화권의 주요 한자 자체 역할을 하고 있다.

6) 행서行書

행서行書

행서는 진晉대에 나타난 글자체로 해서와 초서의 장점을 겸비한 중간적인 성격을 지닌 글자체이다. 해서, 초서처럼 흘려 쓰지도 않고 해서처럼 깔끔하지도 않다. 문자의 변별력과 서사의 재빠름을 모두 구현한 행서는 지금까지 필기체로서 널리 사용되고 있다.

07

중국의

의^衣생활

중국은 지역과 민족의 특성에 따라 의복구조가 천태만상이나 그 중 전통적으로 중국복장을 대변하는 것으로 치파오와 중산복이 있다.

치파오는 원래 만주족의 전통복장이었는데 청나라 때 전국적으로 유행되기 시작하여 현재 중국 전통복장으로 되어 있다. 원통형으로 다리 옆 부분이 갈라지고 앞에는 단추가 달려 있으며, 칼라가 목 부분을

치파오旗袍 　　　　　　　중산복中山服

둘러싸고 있는 것이 특징이다. 그러나 실용성이 없어 지금은 일상생활에서 입고 있는 중국인을 보기가 어려우며 다만 고급식당의 복무원 쇼장의 안내원들은 많이 착용하는 모습을 볼 수 있다.

중산복은 손문선생이 현재 생활에 편리하게 고안한 옷으로 지금까지 현대 중국인이 가장 애용하는 복장이었다. 현재는 농촌이나 나이가 많은 사람의 입은 모습을 볼 수 있으나 젊은 사람이 입은 모습은 보기가 힘들다. 지금은 중국 전통 각종 행사에서 공산당원들이 입은 모습을 간혹 볼 수 있다.

지금은 젊은 계층을 위주로 서양의복 문화가 널리 퍼져있다. 예전의 중국 도시, 농촌의 거리 풍경은 회색과 검은색의 연속이었으나 개방 이후 유흥업소 등의 접대부, 대학생 위주로 멋내기 옷을 많이 입게되어 이젠 중국 어느 도시를 가던 예쁜 옷을 입은 중국인을 흔히 볼 수 있다. 대도시에서는 세계 최신 유행이 바로 수입되는가 하면 현대미와 중국 전통미를 결합하는 방향으로 발전되고 있다.

젊은 계층의 서양의복

중국의

주住생활

1) 중국 전통 가옥-사합원四合院

사합원은 북경의 골목에서 자주 볼 수 있는 전통가옥으로 사합원은 정방正房, 사랑채倒座, 동서 곁채가 사면을 둘러서 담으로 집과 집 사이를 연결하여 완전히 외지와 봉쇄된 정원이다.

모든 건축물이 마치 'ㅁ'자 형태로 되었기에 사합원이라고 부르고 사합원의 이런 건축형식은 수백 년의 역사를 갖고 있지만, 북경에 현재 존재하고 있는 사합원은 대부분 명청 시기와 민국 시기에 건설한 것이다.

사합원은 각기 크기도 다르지만 하나의 뜰로 된 것도 있고 여러 개로 정원이 있는 것도 있다. 사합원의 규모와 건축설계는 주인의 사회적, 경제적 지위에 따라 달라진다.

사합원 내 각 건물의 배치 양식은 전통적인 대가족이 한 집안에서 질서를 이루고 살아가기에 적합하도록 되어 있다. 집 안의 가장 중심이 되는 주 건물에는 웃어른 혹은 주인이 거주하면서 조상들의 위패를 모셔 놓았고 아랫사람이나 하인은 함부로 들어갈 수 없다. 뿐만 아니라 주 건물과 측면의 방을 분리하여 대가족 생활 내에서도 각 세대의 독립성을 보장했다.

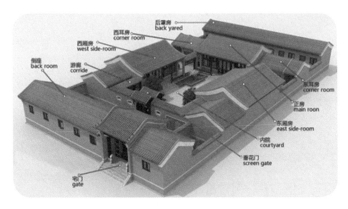

사합원

또한 자연조건에 따라 사합원의 형태도 차이가 나는데, 남쪽 지역의 경우 여름에 덥고 습하기 때문에 더위를 피하기 좋은 구조로 집을 지었다. 북쪽의 사합원이 남북으로 긴 데 비해 남쪽의 사합원은 동서로 구조를 이루고 있다. 이는 가능한 햇빛을 적게 받기 위함이다. 비가 많이 오는 지역의 지붕은 배수가 잘 되도록 하기 위해 가파른 경사를 이루고 있기도 한다.

09

중국의
정원

중국에서 정원은 정원 그 이상의 의미를 갖는다. 정원을 만든다는 것은 자연을 축소해 감상하기 위함이자 시인에게는 시상을 화가에게는 그림의 소재를 작가에게는 소설의 영감을 제공하는 '영혼의 공간'을 만든다는 의미이기도 하다. 중국의 4대 정원으로 북경의 이화원頤和園, 승덕의 피서산장避暑山莊, 소주의 졸정원拙政園, 유원留園 등을 손꼽는다.

1) 이화원頤和園

중국 북경에서 서북쪽으로 10km 떨어진 교외에 위치한 중국 황실의 여름 별궁이자 중국 최대 규모의 황실 정원이다. 사람을 동원해서 바닥을 파낸 완전 수작업 호로 총 면적이 2.9㎢에 이른다.

이화원

　이화원은 호수에서 파낸 흙을 이용해서 만든 인공 산을 이용하여 자연 풍경을 그대로 재현한 정원에 인공 건축물이 환상적인 조화를 이룬 중국 조경 예술의 걸 작품으로 1998년 유네스코 세계문화유산으로 지정되었다.

　이화원은 금나라 때인 12세기 초에 처음 조성되어 1750년 청나라 건륭제 때 대폭 확장되었다. 1860년 서구 열강의 침공으로 파괴되었는데, 이후 서태후가 실권을 쥐고 있던 1886년 재건되면서 이화원으로 불리게 되었다. 서태후는 이화원에서 일시적인 피서와 요양 목적으로 건설되었다가 각종 전각과 사원을 추가해 본격적인 국사를 볼 수 있는 궁전 형태로 변모시켰다. 이화원 재건 비용 때문에 청나라가 1894년 청일 전쟁에서 패배했다는 말이 나올 정도로 막대한 자금을 들였다고 한다.

이화원에는 거대한 인공호수와 60m 높이의 인공산을 중심으로 각종 전각과 사원, 희랑 등 3,000여 칸의 전통 건축물이 자리 잡고 있다. 가장 눈길을 끄는 것은 총면적의 3/4을 차지하는 거대한 인공호수인 곤명호昆明湖다. 또한 길이가 778m, 273칸으로 중국에서 가장 크고 긴 복도이며, 천장과 벽에 수많은 그림이 그려져 있어 '중국 최대의 야외 미술관'으로 불린다.

2) 피서산장避暑山莊

피서산장은 중국에 남아 있는 가장 큰 규모의 황실 정원으로 '이궁離宮'이라고 부른다. 중국 하북성 승덕에 위치해 있는 청나라 때 지은 것으로 더운 여름을 피해 황제가 이곳에서 집무를 보았는데 피서별궁과 열하행궁으로도 불렸다.

피서산장은 강희제가 1702년 착공하였고, 건륭제가 1790년에 강남지방 명승지를 본떠 수려한 자연경치를 인공적으로 만들어 놓았다. 피서산장은 대부분이 산지이고 나머지가 평야와 호수인데 총면적 5460㎡, 총 길이 약 10km에 이르는 궁궐 담장이 주위를 둘러싸고 있다. 호수 가운데에는 동해의 신선봉을 본뜬 3개의 섬을 쌓았으며 섬과 호숫가를 둑으로 연결해 놓았다. 섬 위에는 궁전이 있고 호반에는 정자가 세워져 있다. 동궁 북쪽 수문 위, 하호와 은호를 잇는 수로의 돌다리 위에는 3개의 정자가 있다. 1994년 유네스코에서 세계문화유산으로 지정하였다.

피서산장

3) 졸정원拙政園

졸정원은 강소성 소주에 위치해 있고, 총 면적 5만 1950㎡이다. 원래 당나라 때 륙귀몽陸龜蒙의 개인 사저였고, 원나라 때는 다홍사라는 절이 되었다. 1510년 명나라 때 왕헌신王獻臣이 절을 사들여 개인 정원으로 바꾸었다. '졸정拙政'이라는 명칭은 서진西晉의 학자 반악潘岳 〈한거부閑居賦〉에 나오는 말로 '차역졸자지위정야此亦拙者之爲政也': 졸자拙者가 정치를 하는구나'라는 구절에서 따왔다. 1997년 소주원림에 포함되어 유네스코의 세계유산으로 등재되었다.

가장 완벽하게 보존되어 온 개인정원으로서 고대 강남지방 관료들이 거주하던 주택의 건축양식을 엿볼 수 있다. 정원은 동부, 중부, 서부의 3부분으로 나뉘며 호수가 전체 면적의 2/3를 차지한다.

졸정원

4) 유원留園

소주에 있는 명대의 대표적인 정원으로, 소주 고성의 서북쪽에 위
치하고 있다. 중국 4대 정원 중에 하나이다.

유원

졸정원과 비슷한 시기인 1525년 명대 가정년 간에 조성되었고, 1593년 만력 21년에 완공되었으며, 1997년에 세계문화유산으로 등록되었다.

원래 명대 관리의 개인 정원이었다가 청대 관리 유서劉恕가 수리하여 한벽산장으로 개명하였다가 유원으로 이름을 바꾸었다. 제2차 중일전쟁과 태평천국의 난 때에 정원이 파손되어 황폐해졌다가 1954년 정부에 의해 수리가 되어 일반인에게 개방되었다.

졸정원에는 기암과 기석과 정자, 고목의 배치가 환상을 이룬다. 졸정원의 총면적은 3만㎡이며, 중앙, 동, 서, 북, 4부분으로 나뉜다. 동원의 관운봉冠云峰은 높이가 6.5m, 무게가 약 5톤으로 소주고 전원림 중에서 가장 큰 태호석 석회암이 용해溶解하여 기형奇形을 이룬 한 덩어리 돌이다.

정원의 분재

10

전통명절

중국의 공휴일은 국무원령에 의해 실시되고 있다. 국무원령의 표기에 의하면 명절이나 공휴일을 '년절年節'이라 한다. 소수민족의 전통명절은 별도로 해당지방 인민정부에서 휴가일을 정할 수 있다.

춘절을 제외한 명절은 휴일이 아니었다가 2009년부터 청명절, 단오절과 함께 중추절도 각각 하루를 쉰다.

1) 춘절春節

춘절은 음력 정월 초하루이고 우리의 설날과 같다. 중국의 모든 명절 가운데 가장 중요시되고 큰 명절이다. 춘절春節은 '겨울과 봄이 교체하는 계절'이라는 뜻으로 예부터 '새해 첫날 새벽'이라는 뜻으로 '원단元旦'이라고도 하였으며, '한 해를 마감하고 새로 시작한다.'는 의미로 '과년過年'이라고도 했다.

1911년 신해혁명 이후 중화민국이 건국된 후, 세계적으로 통용되던 양력을 채택하여 양력 1월 1일을 원단으로 바꾸었다. 그러나 1949년 중화 인민 공화국 건국 이후, 양력 1월 1일은 원단으로, 음력 정월 초하루는 춘절로 구분하였다. 현재 중국과 대만에서 모두 이 두 용어를 사용하고 있다.

중국인들에 있어 춘절이란 음력 정월 초하루만을 의미하는 것은 아니라 설 준비부터 명절 분위기가 끝나는 날까지 대략 20여 일이 걸린다. 음력 12월 23일은 부엌신, 즉 조왕灶王이 하늘로 올라가는 날이라고 여기는데, 중국인들은 춘절이 시작된다고 생각한다. 공식적으로 사흘이 법정연휴지만, 농촌에는 일주일 정도 혹은 정월대보름까지 전국적으로 이동하여 명절 기분을 내며 쉬기도 한다.

춘절에는 교자餃子와 연고年糕, 탕원湯圓 등의 음식을 먹고, 춘련春聯, 폭죽, 배년排年, 홍포紅布, 압세전壓歲錢 등의 풍습이 있다.

춘절春節

춘절에 먹는 '만두餃子'는 '시간子時이 바뀐다'는 '交子'와 발음이. 같아 이 날 먹는 교자는 새해를 맞이한다는 의미이다. 즉 송구영신의 의미인 것이다.

춘련春聯은 설날 무렵 대문에 축복의 글 등을 대구對句로 써, 대문 양쪽에 붙이는 풍습을 말한다. 주로 집안의 평안이나 새해에는 돈을 많이 벌게 해달라는 내용들로, 사악한 기운을 물리친다는 붉은색 종이 위에 쓴다. 뿐만 아니라 '복福'자를 거꾸로 써 붙이기도 한다. '거꾸로'의 의미의 글자와 '오다'의 글자의 발음이 같으므로 '복이 온다.'는 의미로 '복'자를 거꾸로 붙이는 것이다.

설날 아침에 일어나면 제일 먼저 하는 행사가 폭죽을 터뜨리는 것인데, 어떤 사람들은 전날 밤 12시부터 터뜨리는 사람도 있는가 하면 정월 한 달 내내 중국 곳곳에서 폭죽을 터뜨리는 것을 자주 볼 수 있다. 폭죽을 터뜨리는 것은 '연年'이라는 귀신을 쫓기 위해 행했다는 설이 있다. 아이들이 어른들에게 세배排年를 하면, 어른들은 붉은 봉투紅布에 짝수로 세뱃돈압세전을 넣어 준다.

복福   폭죽

제3장 중국의 문화

2) 원소절元宵節

중국을 비롯한 중화권에서 정월 보름날 즈음에 즐기는 축제다. 음력 1월 15일을 전후한 13일~14일 사이에 온 집안에 등불을 달아서 걸어두고, 식구들이 한 탁자에 빙 둘러앉아 음식(원소)을 먹으며 서로 축하하고 즐기는 민속행사다.

원소절元宵節

1년 중 가장 먼저 보름달이 뜨는 날로 처음 '원元'과 밤 '소宵'를 써서 원소절이라고 한다. 한나라 무제 때 음력 정월보름날에는 궁중에 등불을 켜고 천제에게 제사를 지내며 밤을 새웠던 풍습이 있었는데 이러한 영향으로 이날 저녁에는 전국 각지에서 다양한 꽃등을 거는 날이라는 뜻에서 등절燈節, 등화절燈火節, 등롱절燈籠節, 등석燈夕이라 부르기도 한다

원소절에는 속에 깨를 넣어 찹쌀로 동그랗게 빚은 '원소元宵'를 먹는데, 신해혁명으로 중화민국의 총통이 된 원세개가, 원元과 원袁, 소宵와 소消가 음이 같아서 원소袁消, 즉 '위안스카이를 소멸하자'는 뜻이라면서 1913년 원소절부터 원소를 탕원湯圓으로 부르게 했다고도 한다. 이는 '탕원湯圓'이라고도 부른다.

원소

3) 청명절淸明節

청명淸明은 중국의 중요한 전통 명절의 하나로 지금까지도 여전히 해외 화교들을 포함한 중화민족의 중요한 명절이다. 청명은 예전에는 삼월절三月節이라고도 불렸으며 2000여 년의 역사를 자랑한다. 양력 4월 5일을 전후로 청명인데 이는 24절기 가운데 하나이기도 하다. 청명절은 날씨가 따뜻하고 만물의 싹이 돋아 사람들은 맑고 상쾌하고 청명한 기분을 느끼게 된다는 뜻으로 붙여진 이름이다.

청명절에는 제사용품과 음식을 들고 조상의 묘에 참배하고 기념하는 명절이다. 주요한 의식 활동으로는 조상을 제사 지내고, 성묘를 하는 것이 있는데 이것은 사람들이 상사에는 슬픔을 다하고 제사에는 공경을 다하며 친지들과의 우의와 화목을 증진시키고 효도를 실천하는 것을 구체적으로 보여주는 것이다. 요즈음에는 봄의 따뜻하고도 좋은 날씨를 즐기려는 봄소풍의 의미도 있다.

청명절清明節

4) 단오절端五節

단오절은 춘절, 중추절과 함께 중국 3대 명절 중 하나로 음력 5월 5일이다. 단오절端五節은 기원전 278년 음력 5월 5일이며 진정한 애국 시인 굴원을 기리기 위해 중국의 단오절이 유래하였다. 당시 백성들은 그의 시신이 물고기들에 의해 훼손되는 것을 방지하기 위해 죽통 밥을 강가에 던져 물고기들이 대신 먹게 하였다. 또한 굴원의 시신을 찾기 위해 백성들은 배를 타고 여러 날 강가를 돌아다녔다고 하는데 이것이 유래가 되어 오늘날 중국에서는 단오절에 대나무 잎에 찹쌀, 대추, 고기, 팥 등의 음식을 넣어 찐 쫑즈粽子를 먹는 풍습과 용선경기를 하는 풍습이 생겨났다.

중국 사람들은 음력 5월에는 날씨가 더워지기 시작해 여러 곤충, 해충 등으로 인해 전염병이 생겨나는 계절이라 좋지 않은 악월惡月 혹은 독월毒月이라 부르고, 5월 5일은 5자가 두 번 겹치니 더욱 불길하다고 여겨 이날에 태어난 아이들은 재앙을 가져오는 아이라 하여 출생일을 속이기도 했다. 단오절에는 재앙과 병을 없애기 위해 쑥 잎과 창포를 문미門眉에 끼워 넣고 대청에 걸거나 몸에 차면서 귀신을 쫓기도 하였다. 보통 집집마다 집 안을 깨끗이 청소한 다음 쑥과 줄기를 걸어놓기도 하였다. 창포 뿌리를 말려 빚은 중국인들의 '액막이 술' 인 웅황주雄黃酒를 마시기도 했다.

쫑즈

용선경기

5) 칠석七夕節

칠석의 '석夕'은 '저녁' 혹은 '밤'이라는 뜻으로, 칠석이란 음력 7월 7일 저녁을 말하는 것이다. 이날에는 견우성과 직녀성이 서로 만나는 날로 애틋한 전설이 전해온다.

중국 한나라 시대에 매년 이날 저녁에는 하늘의 견우와 직녀가 오작교에서 만난다고 한다. 가난하지만 매우 성실한 견우라는 청년이 있었는데, 하늘에서 내려온 직녀라는 선녀를 만났다. 그들은 서로 사랑에 빠져 결혼을 했고 이들에게서 1남 1녀가 태어났다. 사실을 알게 된 하늘의 여신 왕모낭낭王母娘娘이 직녀를 불러들였고, 견우가 이를 쫓아가자 왕모낭낭은 자신의 비녀로 은하수를 만들어 견우와 직녀를 양 끝에 떨어져 있게 했다. 진심으로 그들이 사랑하는 것을 알고 왕모낭낭은 1년에 한 번 음력 7월 7일에 그들이 만나는 것을 허락했고, 이날이 되면 까마귀와 까치가 그들의 머리로 은하에 다리를 놓아 오작교를 만들어 견우와 직녀가 만날 수 있게 도왔다. 은하의 양쪽에 빛나는 별을 견우성과 직녀성이라고 불렀다.

칠석절

걸교

중국 사람들은 요즘도 젊은 미혼의 남녀를 중매하는 것을 '오작교를 놓는다'고 말하고, 이날이 되면 젊은 미혼 남녀들이 자신의 짝을 찾는 각종 행사를 벌이기도 한다. 부녀자들은 누가 빨리 바늘에 실을 꿰는지 시합을 하고, 손재주를 뽐내는 풍습인 걸교乞巧를 행하기도 한다. 현재는 '중국 발렌타인데이'로 불리고 있다.

6) 중추절衆秋節

중추절은 추석秋夕, 중추仲秋, 십오야十五夜로 부르기도 하며, 음력 8월 15일의 큰 명절로, 가을의 중간에 있다고 하여 그 이름이 붙여졌다. 글자 그대로 가을의 중간이라는 의미로, 가을인 음력 7월, 8월, 9월 중 중간, 8월의 중간인 15일이다. 중추절은 가족들이 둥근 달처럼 부모님 곁으로 모인다는 뜻에서 단원절團圓節이라고도 한다.

월병

중추절에는 달빛이 비추는 마당이나 누각에서 향로, 초, 월병 등을 간단히 차려놓고 달에게 제사를 지내는데, 이를 배월이라 한다. 또한 한국에서 추석에 송편을 먹듯이 중국에서는 중추절에 가족들이 월병月餅을 함께 먹는 풍습이 있다. 월병은 밀가루 반죽 속에 사탕수수, 참깨, 노른자, 대추 등의 재료를 채워 넣고 계란 노른자 물을 빵 판에 발라가며 오븐에 구워낸 것이다. 월병은 가격대와 종류가 아주 다양하며, 남의 집을 방문하거나 인사를 하러 갈 때 가장 많이 쓰이는 건물이다.

중추절에는 토끼머리에 사람의 몸을 하고 있는 투얼예라는 인형을 만들기도 하며, 주로 중국의 남쪽 지역에서는 중추절 당일 밤에 보탑 모양의 등을 사용하여 등놀이를 하는 풍습이 있다.

11

국가

명절

1) 국경절國慶節

중화 인민 공화국의 건국기념일로 매년 10월 1일이다. 춘절과 함께 중국 양대 최대의 명절로 기념하고 있다. 1949년 10월 1일에 국공 내전에서 마오쩌둥이 이끌던 중국 공산당이 중화민국 정부를 몰아내면서 톈안먼 광장에서 중화 인민 공화국 수립을 선포한 데에서 유래되었으며 1949년 12월 2일 공산당 정부가 매년 10월 1일을 중화 인민 공화국 국경절로 기념하는 내용의 결의안을 채택하면서 국경일로 지정되었다. 중국정부는 이날 군중집회 등 각종 경축활동을 벌인다. 공식적으로 7일간 연휴이며, 북경의 천안문 광장에서 대규모 집회 및 열병식을 거행하기도 한다.

국경절國慶節

2) 노동절劳动節

노동절은 노동자들의 수고를 위로하고 근무의욕을 높이기 위해 제정된 휴일이며, 전세계적으로 매년 5월 1일마다 기념한다. 메이데이(May Day) 또는 근로자의 날(Workers' Day)라고 불리기도 한다.

중국 노동절의 시초는 중화 인민 공화국이 성립 되면서 시작되었다. 이 날을 중국의 탄생일로 기념하며, 국경절 기간에는 춘절, 노동절과 함께 기념하게 되었다. 노동절은 2000년부터 일주일의 휴일을 가졌지만, 2008년부터는 3일로 줄어들었다. 또한, 5월 1일 앞뒤로 하루 이틀 정도를 더 쉰다. 연휴가 길어 각종 여행이 증가하며, 상점이나 백화점에서 할인을 많이 하며, 여행객들이 많은 시기이기도 하다. 노동절에는 어마어마한 인파가 몰리는 만큼 여행이나 외출 계획은 신중히 고려하는 것이 좋다.

노동절劳动節

3) 건군절建軍節

　　1927년 8월 1일 중국공산당은 강서성 남창에서 무장 봉기를 일으켰는데, 당시 지도자는 주은래, 주덕 등이었다. '남창봉기'는 중국 공산당이 무장하고 당시 국민당 반동파에 반항하는 첫 싸움이 되어 중국 공산당이 독립적으로 무장혁명을 선도하는 새로운 개막과 중국의 신형 인민군대의 탄생 상징으로되어 왔다. 이를 기념하기 위해 1949년 중국공산당이 집권한 후 8월 1일을 중국군 건군 기념일로 제정한 날이다. 건군절 동안 중국은 각지에서 다양한 행사를 집중하여 중국 인민 해방군의 탄생을 축하한다.

건군절建軍節

4) 건당절建黨節

양력 7월 1일이며 중국공산당 건립 기념일이다. 1921년 7월 23일 중국 공산당 제1차 전국대표대회가 상하이에서 열렸다. 마오쩌둥은 1938년 7월 1일을 당의 탄생 기념일로 제안했다. 이로써 7월 1일을 당 탄생 기념일로 정했다.

건당절建黨節

5) 국제부녀절國際婦女節

국제부녀절國際婦女節 또는 세계 여성의 날世界 女性은 여성의 정치·경제·사회적 업적을 범세계적으로 기념하는 날로 양력 3월 8일이며, 각종 기념행사를 거행한다. 1909년 사회주의자들과 페미니스트들에 의해 정치적 행사로 시작되었고, 1910년 알렉산드라 콜론타이와 클라라 체트킨에 의해 세계적 기념일로 제안되었으며, 1975년부터 유엔에 의하여 매년 3월 8일이 세계 여성의 날로 공식 지정되었다. 중국정부는 모범 여성을 뽑아 기념행사를 하기도 하고 여성들에겐 반나절만 근무하게 하는 곳도 있으며 백화점 및 상점에서 여성 우대 할인행사를 벌이기도 한다.

6) 아동절

국제아동절은 1949년 러시아 모스크바에서 개최된 '국제민주여성연맹이사회'에서 매년 6월 1일을 어린이들의 국제적 명절로 제정한데서부터 출발했다. 이날 아이들은 학교에 가지 않고 각종 기념행사에 참여하며 즐거운 하루를 보낸다.

12

혼례문화

과거 중국의 젊은 남녀는 유교의 영향으로 자유롭게 연애하기가 어려웠으며, 결혼도 엄격한 절차에 의해서 진행되었다. 중국에서 혼례는 서주西周 때부터 혼인에 대한 엄격한 규정이 있었고, 한漢나라 대에 와서는 삼서육례三誓六禮라는 혼인 절차를 따라야 했다. 이는 1949년 중국 건국 이전까지 중국의 젊은 남녀가 결혼을 하기 위해선 필히 거쳐야 할 과정과 수속이었다.

삼서육례三誓六禮에서 삼서는 결혼의 과정에 쓰이는 세 가지 문서로 혼인을 보장하는 문서를 말하며, 육례란 납채納采·문명問名·납길納吉·납징納徵·청기請期·친영親迎으로 청혼부터 신부를 아내로 맞이하기까지 전통 혼인 절차의 여섯 가지 의식을 말한다.

1) 납채納采

납채는 구혼을 하는 단계로 먼저 신랑 측에서 신부 측으로 중매인이나 적당한 인물을 보내 혼인의 의사를 전달하는 과정을 말한다. 납채는 예물을 같이 보내는데 이 예물을 신부 측에서 받고, 신랑 측으로 선물을 보내면 혼인의 성사를 말하는 것이고, 선물을 받지 않으면 거절한다는 의미이다.

2) 문명問名

문명은 남녀 간의 사주팔자 및 궁합을 보기 위하여 신부 측에서 선물을 받으면 신랑 측에서는 신부의 이름과 생년월일 기타 경제적 상황이나 직업 등을 물어 오는 단계를 말한다.

문명

3) 납길納吉

납길은 신랑, 신부의 사주팔자를 가지고 조상신이나 신에게 궁합을 점치는 것을 의미한다. 점의 결과가 좋으면 혼인을 계속 진행시키고,

좋지 않다면 이 혼담은 더 이상 진행하지 않고 중지시킨다.

4) 납징納徵

납징은 신랑 측에서 신부 측에게 혼인을 하겠다는 징표로 예물을 보내는 단계다. 신랑 측에서는 자신의 재력을 과시할 수 있는 기회이기 때문에 풍성한 예물을 보내며, 폭죽을 터뜨리거나 악대를 보내어 음악을 연주하는 등 잔치 분위기를 낸다.

예물이 도착할 때 신부 집에서는 향을 피우고 폭죽을 터뜨리며 신랑 측 손님을 융숭하게 대접하고 약간의 예물을 들려 보낸다.

납징

5) 청기請期

청기란 신랑 측에서 혼인 날짜를 정해서 날짜를 적어 예물과 함께 신부 측에 보내 의논하고 동의하면 혼인 날짜가 정해지는 단계이다.

청기請期 예물

6) 친영親迎

친영은 신부를 맞이하는 것으로 혼인날의 결혼식을 말한다. 전통 혼례 절차에서 '친영' 전에는 신랑 신부 당사자가 서로 만날 기회가 전혀 없었고, 이날 공식적으로 처음 만난다. 일반적으로 결혼식 당일 날 신랑이 신부 집으로 신부를 맞이하러 가는데, 보통 8명의 건장한 사람들이 멘 가마를 타고 신부를 데리러 가며 이때, 남의 집 꽃가마와 마주치지 않아야 한다.

신랑이 신부의 집에 도착하면, 신부의 자매와 친구들이 문 앞을 막고 있어 지혜, 체력, 노래 등 그들이 요구하는 시험을 통과해야지만 문을 통과해 신부를 데리러 갈 수 있다. 그중에서도 가장 중요한 것은 바로 '홍바오'라는 빨간 봉투에 돈을 담아줌으로써 그들의 마음을 사로잡아야 한다. 지금도 중국에서는 축의금도 홍바오에 담아서 준다.

친영親迎

　신랑이 신부을 데리고 신랑의 집에 도착하면 집안으로 들어와 조상과 부모님께 절을 하고, 신부의 방 안에 준비된 붉은 신발을 신고 나서야 신랑이 신부를 데려갈 수 있다. 저녁에는 주변 친지나 친구들을 초청해 성대한 연회를 열어 손님 접대를 하고 나서 합방을 한다.

　이처럼 복잡한 전통혼례는 송宋대에 간소화되었고, 1950년 혼인법이 제정되어 형식과 사치에 얽매인 과거 결혼문화는 없애고 실용적, 경제적인 결혼문화가 정착을 하게 되었다.

현재 중국에서는 1980년 제정한 '신혼인법'에서 남자 22세, 여자 20세 이상이 되면 결혼을 할 수 있다고 혼인연령을 밝히고 있다.

현재 중국에서 결혼을 하려면 미혼 남녀가 중국정부 산하의 결혼 등록 부서에 가서 결혼 등기를 해야 한다. 결혼 등록 부서에서는 우선 결혼 연령이 되는지 확인하고, 결혼 신체검사증, 양측의 호적증명과 신분증명서, 호적 관리 기관에서 발급하는 결혼 상황 증명서 등의 자료를 확인한다.

결혼 절차에 이상이 없으면 중국정부가 발급하는 붉은색의 '결혼 증명서'를 받게 된다. 이때부터 두 사람은 법적으로 부부가 되는 것이며 설령 결혼식을 하지 않는다 하더라도 법적으로는 엄연한 부부관계가 성립된 것이다. 통상 결혼식을 하고 혼인신고를 하는 우리와는 반대의 순서이다.

13

장례문화

　중국에서는 사람이 죽으면 땅에 들어감으로써 편안함을 얻을 수 있다는 데서 중국인들은 전통적으로 죽음을 매우 중요하게 생각한다. 중국인들은 우리나라처럼 하늘이 내린 천수를 누리고 집안에서 죽음을 맞이하는 것을 가장 큰 축복으로 여겼고, 가족들은 망자의 임종을 지키는 것을 가장 중요한 효孝의 덕목으로 여겼다.

　주周나라 때부터 유교의 영향을 받아서 장례와 관련된 엄격한 4가지 절차로 장례를 진행했다. 4가지 절차는 소렴小殮, 입관入棺, 대렴大殮, 송장送葬 순서로 진행한다.

1) 소렴小殮

　사람이 죽으면 먼저 목욕을 시켜 시신을 깨끗하게 한 다음 수의로 갈아입힌다.

2)입관入棺

빈손으로 이승을 떠나지 않게 하려는 배려에서 망자의 입에 돈이
나 옥을 넣어 주고 시신을 관에 넣는다.

3) 대렴大殮

제단을 설치하고 친지나 친구들의 조문을 받는다.

4) 송장送葬

3일~7일 동안 조문객을 맞이하고, 종이돈을 태워 망자가 노잣돈
으로 쓰게 한다. 유족들은 밤새워서 빈소를 지키며 마지막 날에는 고
별식을 마친 후 시신을 운구하여 묘지에 안장한다.

송장送葬

현재 중국정부는 건국 이후 장례 역시 간소화할 것을 권장하고 있

으며, 매장보다는 화장火葬을 장려한다. 요즘에는 죽은 사람을 화장한 후 유골을 땅에 묻고 봉분 대신 나무 한 그루를 심어 묘지로 삼는 수장樹葬도 권장되고 있다.

14 경극

경극京劇 또는 경희京戲는 중국 연극 가운데 하나로 한마디로 말해서 북경에서 육성된 연극이라는 의미이다. 1928년 국민당 정부가 북경의 명칭을 '북평北平'으로 바꾸자 경극 역시 '평극平劇'으로 불리다 1949년 중국 건국 이후 북경의 이름을 되찾자 다시 '경극'이라는 본래의 이름을 되찾았다.

오늘날에 와서는 중국의 고전극이라고 하면 바로 경극을 가리키며, 마치 중국 고전극의 대명사처럼 되어 버렸다. 경극은 넓은 지역에 걸친 각지의 연극이나 모든 예능이 청나라 중기 전후 수도 베이징에 모여져 거기서 경극이라는 형태로 대성되었다. 경극은 과거에는 높은 지위의 관료나 부호들은 자신의 집에서 극단을 초빙하여 경극을 감상하기도 했고, 일반 중국인들은 경조사가 있을 경우 식당이나 여관에 친척, 지인들을 초대해 경극을 관람하는 등 중국인의 일상생활에도 깊숙이 자리 잡고 있다.

1) 경극의 각본

경극의 희곡 각본은 3,800종이나 되며 도군기陶君起의 〈경극극목초탐京劇劇目初探〉에는 1천여 종이 수록되어 있다. 그러나 없어진 곡이 많으며 특히 중국의 공산화과정에서 문화혁명 이후에는 더욱 도태되고 개편되어 희곡은 매우 적어졌다. 전국시대의 이야기인 〈동주열국지東周列國志〉를 비롯하여 〈삼국지연의〉 〈수호전〉 〈서유기〉 등의 각색물이 인기가 있다.

대부분이 영웅담이며, 권선징악적이고 비련의 이야기로서 봉건색이 매우 짙다고 하겠다. 그리고 이러한 점 때문에 바로 이른바 중국의 문화혁명에서 숙청의 대상이 되었음은 말할 나위도 없다.

흔히 명작이라고 하는 작품 가운데에서 오늘날까지 자주 상연되는 것은 〈귀비취주貴妃醉酒〉, 〈요천궁鬧天宮〉, 〈추강秋江〉, 〈우주봉宇宙鋒〉, 〈패왕별희霸王別姬〉 등이 있다.

경극

2) 음악

경극의 4대 요소인 '노래唱, 대사念, 동작做, 무술打' 중 '노래와 대사, 기악반주'가 경극의 음악부분에 해당된다. '대사'가 음악에 속할 수 있는 것인지에 대한 의문이 들 수도 있겠지만, 경극의 대사는 일반 연극과는 달리 노래를 부르듯 매우 리드미컬하게 관객에 전달되기 때문에 경극의 음악부분에 포함된다. 노래와 대사는 음절, 선율, 장단과 조화를 이루며 인물의 내재된 감정을 표현하는데, 인물의 형상화와 갈등의 전개, 줄거리 등 극을 구성하는 요소들이 결국은 음악적인 요소로 전환되어 전달된다.

경극에서 사용되는 음악에는 안휘와 호북의 민속 음악에서 유래한 약간 심각하고 진지한 상황에서 쓰이는 음악은 이황二黃과 중국 서북 지방 섬서 지역의 음악에 기원을 둔 가볍고 즐거운 장면에서 사용되는 음악은 서피西皮라고 한다.

3) 노래

경극의 노래인 창唱은 극중 등장 인물의 성별, 연령, 신분, 지위, 성격, 음색과 창법이 다르다. 각각의 배역은 자신만의 독특한 발성법과 창법이 있고 경극에 있어 이 노래는 가장 중요한 비중을 차지한다.

4) 대사

경극의 대사인 념念은 등장인물의 대사로 사건을 설명하고 풀어내는 서사의 작용을 한다. 대사로 상황에 맞는 정서를 표현하는 것은 노래보다 훨씬 어려워 많은 훈련과 노력이 필요하다. 이러한 념은 경극 표현 예술의 우아함과 단정함을 상징한다.

5) 몸동작

경극의 몸동작인 주做와 무예동작인 타打는 마치 춤을 추듯이 절제된 무도동작으로 아름답게 표현한다.

6) 의상

경극에서 주로 쓰이는 원색적이고 화려한 의상은 통상 명대의 복장을 기본으로 하고 있다. 현실생활 속의 의상이 아니라, 이미 예술화 상징화된 희곡의상으로 옷, 투구, 신발, 수염, 여성의 머리 장신구 등이 포함되어 있다. 배우는 자신이 연기하는 인물의 시대에 맞는 의상을 입는 것이 아니라 부호화되고 고도의 상징성을 지닌 의상을 입고 연기한다. 무대 공연의 필요에 따라 약간의 변형을 거친다.

7) 분장

경극에서 가장 두드러지는 특징은 마치 가면을 쓴 듯한 등장인물의 화려한 분장이다. 배우가 극중 인물을 표현하기 위해 얼굴에 자신의 배역에 맡는 화장을 한 것이지 가면을 쓴 것은 아니다.

경극의 인물에 맞게 정해진 색깔에 기름을 섞어 붓으로 직접 그린 얼굴에 그리는 것을 검보臉譜라고 하는데, 이 검보의 종류는 수천 종에 달하며 각각의 검보마다 서로 다른 인물의 성격을 내포하고 있다.

검보에 사용하는 색깔로는 검정, 빨강, 흰색을 많이 쓰며, 경극의 주요 배역 중 정淨, 축丑 인물에게 특히 검보를 많이 그린다. 검은색은 호방함을, 빨간색은 충직함을, 흰색은 간사함을 나타내고 얼굴 중간에만 하얗게 분장을 하는 것은 아첨하는 천한 사람을 나타내며 그 외 파란색은 용맹함을, 녹색은 난폭함을 나타내어 관객들이 등장인물의 성격과 특징을 즉시 파악할 수 있다. 황금색은 위세와 장엄함을 상징하며 신선이나 요괴 등의 배역에는 주로 황금색이나 은색 등을 사용하기도 한다.

검보臉譜

8) 배역

통상 경극 배우는 일생 동안 단 하나의 배역만을 연기하는데, 경극에 등장하는 인물은 성별과 성격에 따라 생단정축生旦淨丑이라는 네 배역으로 구분한다.

생生은 남자 역할로 나이와 기질에 따라 노인역할을 노생老生,예와 무술이 뛰어난 무생武生, 어린이 역할을 소생小生, 노래를 전문으로 하는 문생文生, , 삼국지의 관우처럼 문무를 겸비한 홍생紅生 등이 있다.

단旦은 여성 배역의 총칭으로 여성 배역 가운데서 가장 중요한 위치를 차지하는 청의青衣, 명문가 규수의 몸종이나 가난한 집안의 처녀, 또는 요염한 젊은 부인을 연기하는 화단花旦, 무예에 정통한 여성 배역 무단武旦, 여자 노인의 배역 노단老旦, 발랄한 역할로 화단과 비슷하지만 화단보다 더 희극적인 채단彩旦, 말을 탄 여장군의 배역 도마단刀馬旦 등이 있다.

정淨은 눈 가장자리나 안면에 짙은 검정칠로 테를 두르는 화검花瞼·花面 역할이다. 강렬한 성격이라든가 선악의 마음과 그 인간의 성격을 얼굴의 분장으로 강조하는 화장의 기술이라 하겠다. 그러한 점에서 화장의 발상發想은 자기 개성을 강조한다는 일상생활적인 목적도 있지만 오히려 자기를 죽여 타인이 된다고 하는 목적이 강하다고 하겠다.

축丑은 광대 역할로 얼굴의 한가운데에 흰 분을 바른다. 문축文丑, 무축武丑의 두 종류가 있고 문축은 방건축方巾丑, 소축小丑으로 나뉜다. 모두가 우스꽝스런 인물이며 무축은 문축의 희극적인 성격에 다시 곡예적인 동작을 필요로 한다.

제4장

중국의
음식

01

중국 요리의

특징

한자문화권에서는 의식주행衣食住行이라 하지만 중국전통문화에서는 식주의행食住衣行 순으로 말한다. 이는 중국인들이 '사람은 음식을 하늘과 같이 여긴다.'라고 하듯이 중국에서는 생활방식에서 음식문화를 가장 중요시하기 때문이다.

중국의 음식문화는 5천년의 역사 속에서 하나의 국가가 설립되고 왕조가 구축되면서 새로운 풍습과 음식문화를 형성하였다. 이렇게 수천 년의 전통을 이어오면서 중화민족 문화의 한 부분으로 형성되어온 중국의 음식문화 안에는 중화인의 사상, 도덕관념, 민족심리, 생활방식, 신앙과 예절이 어우러져 있다.

중국은 5000년이란 오랜 세월을 두고 넓은 영토와 넓은 영해에서 다양한 산물과 풍부한 해산물을 얻을 수 있을 뿐 만 아니라 다양한 민족들이 넓은 지역에서 그들에 맞는 조리법으로 풍토·기후·산물·풍속·습관에 따라 지방색이 독특한 맛을 내는 요리로 발전 시켰다. 그래서 세계적으로 매우 대중적이고 인기있는 요리인 것은 그 누구도 부정하지는 않을 정도로 세계인들의 사랑을 받는 요리이다. 작은 규모의 식당이라도 찾아가 메뉴판만 보더라도 얇은 책 한 권의 분량은 되어 다양한 요리를 접할 수 있다.

중국 요리는 불로장수를 목표로 하여 오랜 기간의 경험을 토대로 꾸준히 다듬고 연구·개발되어 세계적으로 맛있는 요리로 발전하게 되어 세계 어느 나라를 가더라도 중국집은 반드시 있다. 그만큼 중국요리는 세계적으로 사랑받고 있으며, 나아가 나라의 식성에 맞게 변화되어 중국요리의 영역을 점차 확장하고 있다.

중국요리의 특징 중 가장 다양한 것은 우선 재료를 들 수 있는데, 그 메뉴만큼이나 재료가 다양하게 쓰이는 등 식당의 탁자와 의자 빼고는 모든 것을 요리에 이용한다고 할 정도로 다양하다. 이렇게 풍부한 재료 덕분에 음식의 종류도 많아서 600여종에 달하며, 조리법도 40여가지나 된다고 한다.

중국의 요리법은 오장을 튼튼하게 하는 신맛, 쓴맛, 매운맛, 짠맛, 단맛 등 5가지 기본 맛을 바탕으로 수많은 음식 재료와 조리법으로 다양한 맛과 음식을 만들 뿐만 아니라 이를 하나의 학문으로 발전시켜, 탄수화물류 음식과 육류, 채소류의 균형을 중요시하고 있으며, 음식의 냄새, 색깔, 감촉, 모양 등을 아주 중요시하고 있다.

중국의 문자에서도 요리 문화의 영향을 엿 볼 수가 있는데 중국의 한자 중에는 음식, 조리방법, 조리 기구에 관한 문자가 9,000자가 넘는다고 하여 중국에서 요리가 차지하는 비중이 크다는 것을 알 수 있다.

그러나 매우 다양한 재료 중에서 유독 중국은 풀밭이 많지 않아 소나 젖소를 키우는데 적합하지가 않아서 쇠고기 요리가 발달해 있지 않다는 점도 특이한 일이다.

우리나라와 중국의 요리 방법에 큰 차이는 중국은 튀김요리가 많아 느끼한 반면에 우리나라 음식은 개운한 것이 많다. 식사 방법도 우리나라는 처음부터 밥과 국, 반찬을 모두 한꺼번에 차려 넣고 먹지만, 중국 사람들은 쌀밥과 요리를 함께 먹고 국은 맨 끝에 먹는다. 이때 요리가 많을 때는 요리를 먼저 먹고 주식과 탕을 나중에 먹기도 한다. 또한 우리나라는 음식을 큰 그릇에 담아 함께 먹으나 중국식은 원형 식탁을 이용하여 빈 접시를 이용하여 원하는 요리를 떠다 먹는 것이 특징이다.

중국음식

02

중국의
밀가루 음식

중국의 음식 문화는 황하 이북과 장강 이남을 기준으로 크게 남과 북으로 경계 지을 수 있다. 북방에서는 밀을 재료로 만든 음식을 주식으로 먹고, 남방에서는 쌀을 주식으로 먹는다.

북방의 대표적인 밀가루 음식으로는 교자餃子, 포자包子, 만두饅頭, 혼돈餛飩, 병餠, 면麵 등이 있다.

1) 교자餃子

교자는 우리의 만두를 의미하며, 한국에서 흔히 먹는 만두라 하면 '고기와 채소 등을 밀가루 피에 싸서 익힌 것'을 말한다. 고기와 채소가 아닌 단팥 등을 넣은 것은 보통 찐빵이라 한다.

만두의 기본적인 정의인 "밀로 만든 피에 고기, 야채 등의 소를 넣어 익혀 먹는 음식"이라는 정의를 보면 중국은 만두의 발상지가 아니고, 13세기에 몽골 제국이 동유럽, 중앙아시아 지역을 점령하며 영향을 받은 것으로 추정된다. 교자는 우리 식의 만두로 안에 넣은 소에 따라 야채만두, 고기만두 등으로 부르며, 조리법에 따라 군만두煎餃, 찐만두, 물만두水餃 등으로 부른다. 만두피를 생선으로 만든 어만두와 다진 꿩고기로 빚은 꿩만두도 있다.

만두는 속에 아무것도 들어 있지 않은 흰색의 찐빵으로 중국인들의 가장 보편적인 주식 중에 하나이다. 한국식의 만두로 생각하면 안 되고, 안에다 각종 야채나 소시지 등을 끼워 먹기도 하는데, 중국 북방의 각 가정에서 늘 쪄 먹지만 길거리나 슈퍼 등에서 만들어져 나온 것을 편하게 사 먹기도 한다.

2) 포자包子

포자는 만두의 한 종류인데, 우리식 만두보다 훨씬 크다. 고기와 야채를 듬뿍 넣고 찐 것으로, 천진의 '구부리포자拘不理包子'가 아주 유명하다.

구부리포자拘不理包子

3) 혼돈餛飩

혼돈餛飩은 얇은 피로 속을 싸서 작게 빚은 만두이다. 허나 일반 교자보다 만두피를 길게 빚어 밀가루의 부드러운 맛이 느껴지고, 이렇게 빚은 혼돈을 우리식의 만둣국처럼 끓여 혼돈탕이나 국수를 넣고 끓인 혼돈면을 해 먹는다.

혼돈餛飩

4) 병餅

병은 둥글게 혹은 납작하게 굽거나 찌거나 기름에 튀긴 빵으로 속에 내용물이 있는 것도 있고 없는 것도 있다. ·

5) 면麵

면은 일종의 국수로 가는 면은 세면細麵, 두꺼운 면은 관면寬麵이라 부르고, 생일에는 건강과 장수를 기원하는 장수면長壽麵을 먹고, 결혼식에는 희면喜麵을 먹는다.

03

중국의

4대 요리

1) 북경요리北京料理

북경요리는 '경채京菜'라고도 부르며 중국 북부 지역을 대표하는 요리이다. 북경이 원元·명明·청淸 3대의 수도였으며 특히 북경요리가 발달한 것은 청나라 때로 궁중을 중심으로 중국 각지에서 명물의 진상품과 우수한 요리사들에 의하여 각 지역의 장점만을 받아들여 음식문화를 발달시켰기 때문이다. '청요리'도 이때 유래된 것이다.

북경요리는 풍부한 해산물을 주재료로 하는 산둥음식과 북방 민족 음식의 조리법을 모두 받아들여 한랭한 북경의 기후에 어울리는 다양한 요리를 개발해냈다.

북경요리는 수도인 북경을 중심으로 황하유역의 산둥성, 태원까지를 포함한다. 한랭한 기후로 인해 추위에 견디기 위해 기름기를 많이 사용한 고칼로리 음식이 발달되어 있으며, 화력이 강한 석탄을 연료로 할 수 있어 높은 온도를 이용한 튀김과 볶음요리가 일품이다.

지리적으로 문화의 중심지이기 때문에 궁중요리 등 고급요리가 발달했다. 면, 만두과 육류요리가 대표적이며, 특히 유명 요리로는 북경 오리구이, 새우 케찹 볶음, 해삼조림, 쇠고기 숙주곁들임, 돼지고기 짜장볶음 등이 있다. 우리나라에서 흔히 볼 수 있는 중국집은 대부분 이 북경의 요리법을 따르고 있다.

북경요리北京料理

2) 상해 요리 上海料理

　　상해요리는 중국 중부지방의 대표적인 요리로써 양자강 하류의 남경, 상해, 양주, 소주 등지의 요리를 말한다. 이 지역은 비교적 바다와 가깝기 때문에 풍부한 해산물과 미곡, 따뜻한 기후를 바탕으로 이 지방의 특산물인 장유를 사용하여 만드는 것이 특징이다.

요리 종류만 해도 대략 수백 종에 달하고 특히 고추, 후추, 생강을 많이 사용하여 특유의 얼얼한 매운 맛과 색깔이 깊고 진한 것으로 유명하다. 색이 화려하고 선명하도록 음식을 만드는 것이 특징이며 원래 상해가 항구로서 발달하여 외국인들의 왕래가 빈번하여 일반문화 뿐 아니라 식생활 문화에도 외국의 영향을 많이 받게 되었다.

맛이 비교적 담백하고 기름기가 많으며 진하다. 새우, 게 등의 해산물요리와 쌀밥, 소흥주가 유명하며 유명요리로는 진주완자, 게볶음, 생선찜, 사자두, 삼선볶음국수 등이 있다. 대표적인 요리로는 해삼을 조리한 하자대오삼蝦子大烏參, 닭고기에 포도주를 넣고 조리한 귀비계貴妃鷄, 쏘가리 생선의 살과 소나무 씨를 볶아서 만든 송인어미松仁魚米 등이 있다.

상해 요리上海料理

3) 광동 요리廣東料理

광동요리는 '남채南菜' 혹은 '오채奧菜'라고도 한다. 광동성 광주를 중심으로 하여 조주, 동강 지역의 요리를 총칭한다. 세계적으로 가장 유명한 중국요리로 광주, 조주, 동강 지방의 요리를 말한다.

광동 지역은 일찍부터 수륙교통이 발달한 중국 남부 교역의 중심지로 중국에서 가장 먼저 대외 통상을 실시한 개항지로 각지에서 몰려든 상인들의 여러 음식문화가 같이 발달해 중국요리 방법을 토대로 외지의 향신료를 첨가한 국제적인 요리법, 심지어 일부 음식에는 서양식 조리법이 가미되기도 하였다.

광주요리는 기름을 많이 사용하며, 조미료를 중시하여 향기롭고, 개운하고, 부드럽고, 미끈거리는 것이 특징이다. 조주요리는 해산물요리에 능하며, 맛이 담백하다.

전 세계 차이나타운에서 먹을 수 있는 요리이며 약간 달짝지근하면서 깔끔한 맛을 내며, 탕수육, 팔보채와 중국 요리의 보석으로 꼽히는 딤섬 등 친숙한 요리가 많다. 광동은 아열대에 속해있어 생산물이 풍부하여 중국에서 식문화가 가장 발달한 지역으로 모든 생물을 요리의 원료로 사용한다.

광동요리의 재료로는 뱀, 쥐, 원숭이, 거북이, 고양이, 참새, 토끼 등의 살아 있는 야생 재료도 많이 사용한다. 죽粥, 탕湯이 아주 유명하며 딤섬도 유명하다. 대표적 음식으로는 용과 호랑이가 싸운다는 의미의 용호투龍虎鬪, 구운 돼지고기 요리인 차소육叉燒肉, 구운 비둘기 요리인 고유합烤乳鴿, 광동집오리 요리 등이 있다.

광동 요리廣東料理

4) 사천 요리四川料理

사천요리를 '천채川菜'라고도 부른다. 오늘날의 중국 사천성 성도와 양쯔강 상류의 산악지방과, 사천을 중심으로 운남雲南, 귀주貴州지방까지의 요리를 가리킨다.

사천은 장강 중상류에 위치하여 산세가 험준하고 안개가 자주 발생하는 등 기후가 습하여 여름은 덥고 겨울은 몹시 춥다. 그래서 이러한 사천의 기후에 잘 적응하기 위해 강렬한 맛의 음식이 발달하게 되었다. 특히 고추, 후추, 생강을 많이 사용하여 특유의 얼얼한 매운 맛과 색깔이 깊고 진한 것으로 유명하다.

사천은 내륙 지방이기 때문에 바다와는 멀리 떨어져 있어 해산물 요리가 적으나, 기후가 온화하고 토지가 비옥하여 생산물이 풍부해 육

류와 채소요리가 많은 것이 특징이다. 또한 산악지대가 많아 향신료, 소금 절임, 건조시킨 저장식품 등이 발달했다.

사천 요리|四川料理

조리방법에서는 살짝 볶거나 부치고, 천소千燒(단술로 맛을 내고 그 국물이 없어질 때까지 약한 불로 조리)하는 것이 특징이다. 고추 가루, 후추 가루, 생강 등의 조미료를 사용하여 요리 맛은 얼얼하고, 맵고 강한 향기가 있는 것이 특징이어서 맵고 강한 맛을 좋아하는 한국 사람의 기호에 맞다.

대표적인 사천요리로는 우리나라 사람들에게도 친숙한 닭고기와 고추, 땅콩 등을 볶아 만든 궁보 계정宮保鷄丁, 두부와 다진 돼지고기를 이용한 마파두부麻婆豆腐, 돼지고기와 목이버섯을 볶은 어향육사魚香肉絲 등이 있다.

사천요리

04

중국요리의
조리법

　　중국요리의 식재료는 반드시 어떤 방식으로든 열을 가해서 조리해서 먹는 게 정상이고 생식은 별로 선호하지 않는다. 물도 차가운 생수보다는 뜨거운 차를 선호한다.

　　중국음식의 이름은 요리의 모양이나 처음에 만든 사람이름 혹은 연관된 지명 등을 사용하기도 하지만 대부분은 어떤 요리인지 어떤 조리법으로 요리를 했는지 사용된 재료는 무엇인지를 대강 알 수 있게 되어 있다. 따라서 요리명으로 보통 사용된 재료, 조리방법, 맛 등을 알 수 있다.

　　중국요리에 들어가는 재료는 다음과 같다.

중국어	재료	중국어	재료
룽龍	뱀고기	지단鷄蛋	달걀
투도우土豆	감자	후虎	너구리고기

야쯔鴨子	오리	바이차이白菜	배추
니로우牛肉	소고기	톈지田鷄	개구리
칭차이靑菜	푸성귀	주로우猪肉	돼지고기
펑鳳, 지鷄	닭고기	샤蝦	새우 종류

조리방법은 다음과 같다.

구분	내용
차오炒	중간불로 기름에 볶는다.
샤오燒	기름에 볶은 후 삶는다.
바오爆	뜨거운 기름으로 단시간에 튀긴다. 또는 뜨거운 물로 단시간에 데친다.
자炸	다량의 기름으로 튀겨낸다.
젠煎	약간의 기름을 두르고 지져낸다.
탕湯, 촨川	스푸 종류. 특히 촨은 찌개와 같은 조리법으로 국물이 적고 건더기가 많이 들어간 요리.
둔燉	주재료에 국물을 붓고 쪄낸다.
정蒸	찐다.
류溜	달콤한 녹말 소스를 끼얹는다.
카오火考	불에 직접 굽는다.
먼火悶	약한 불에서 오래 끓여 달여 낸다.
쉰燻	재료를 연기로 찌는 일종의 훈제법으로 조리한다.
췌이脆	얇은 옷을 입혀 바삭바삭하게 될 때까지 튀긴다.

펑烹	삶는다.
둥凍	묵처럼 응고시켜 만든다.
후이燴	녹말가루를 연하게 풀어넣는다.
둔燉	주재료에 국물을 부어서 쪄낸다.
웨이火畏	약한 불에다 서서히 연하게 익힌다. 간장을 넣어 색을 내는 것과 백숙처럼 그냥 익히는 것이 있다.

05

중국의
식사법

　중국인의 식사법은 우리나라의 식사법과는 많이 다르다. 밥과 국은 숟가락으로 그 외 반찬은 젓가락을 사용하여 식사를 하는 우리와는 달리, 중국인들은 주로 젓가락을 사용하여 식사를 한다. 물론 중국인들도 탕을 떠먹는 국 숟가락을 사용한다. 하지만 탕은 대체로 마시고 숟가락은 주로 요리를 본인의 개인접시로 사용할 때 사용한다.

　식사를 초대하는 사람은 문을 바라보는 맞은 편에 앉고, 접대를 받는 사람 중 가장 서열이 높은 사람은 이 초대자의 오른편, 접대 받는 사람 중 두 번째 서열의 손님은 초대자의 왼편에 앉는다. 초대자 중 두 번째 서열의 사람이 문을 등지고 앉는다. 식사할 때 좌석의 위치만으로 손님들의 서열이 나타나므로 음식을 나르는 사람은 누구 앞에 음식을 놓아야 할지 금방 알게 된다. 통상 접대 받는 사람 중 서열이 가장 높은 사람 앞에 음식을 가져다 놓는다.

　요리가 나오면 손님이 먼저 맛을 보도록 그 앞에 놓는다. 생선 요리는 머리가 좌중의 최고령자나 신분이 가장 높은 손님에게 향하도록 놓는다.

중국요리

중국요리는 식탁 위에 올라오는 요리 순서가 정해져 있다.

① 본격적인 식사 전 간단하게 먹을 수 있는 땅콩이나 약간 짠 반찬 등의 소채小菜가 나온다. 이는 정식 요리가 나오기 전 입맛을 돋우는 가벼운 음식이다.

② 전채煎菜와 술이 나온다. 전채는 찬요리인 냉채冷菜가 나오며, 다음은 따뜻한 음식인 열채熱菜가 나오고, 마지막에는 주로 생선요리가 나온다. 술은 주인이 권하면 술을 입술에 대도록 한다. 술을 별로 하지 못하는 사람은 첫 잔만 받아 마시고, 그 다음은 거절하여도 실례가 되지 않는다.

③ 탕이 나오고, 그다음에 주식이 나온다. 중요한 요리가 골고루 나오는 끝날 때 쯤 해서 밥이 나온다. 주식의 종류로는 다양한 교자, 면, 만두나 일반적인 쌀밥, 볶음밥 등이 있다.

④ 밥이 끝나면 힌싱餃; 간단한 중국식 떡이 나온다. 만약 요리가 충분하여 만복감을 느낄 때에는 밥을 들지 않고 힌싱만 먹어도 실례가 되지 않는다.

요리가 되는 순서대로 차례로 나오게 되므로 식탁에 놓아지는 대로 자유로이 자기 앞 접시에 조금씩 담아서 식사하도록 한다. 그러나 자기의 입맛에 맞는 요리라 하여 혼자서만 많이 뜨는 것은 보기에도 좋지 않다.

요리가 많을 경우에는 요리를 먼저 먹고 후에 주식을 먹으며 맨 나중에 탕류를 먹는다.

06

중국요리
식사 예절

① 숟가락은 탕을 먹을 때만 사용하며 요리나 쌀밥 또는 면류를 먹을 때는 젓가락만으로 먹고, 탕을 먹은 후에는 반드시 숟가락을 엎어놓는다. 먹고 난 수저를 다른 사람에게 보이지 않는 것이 예절이다.

② 개인 접시에 덜어 담는 요리의 분량은 남아도 실례가 되며 처음부터 너무 많이 먹어서 다음 요리를 먹지 못하는 것도 곤란하므로 조금 적다 싶을 정도로 담고 인원수에 대한 할당량을 참작해야 한다.

③ 우리나라 사람들은 밥을 먹을 때, 고개를 숙이는 경우가 있으나 중국에서는 밥이나 면류, 탕류를 먹을 때 그렇게 먹지 않으며 필요시 그릇을 들고 먹는다. 고개를 숙이고 먹는 것은 돼지라고 여긴다.

④ 특별한 경우를 제외하고는 이미 사용하고 있는 밥그릇을 제외하고는 또 다른 밥그릇을 사용하지 않는다. 특히 집안에서나 밖에서 여성과 식사를 할 때는 더욱 그러하다. 이는 두개의 밥그릇은 두 집 살림을 차린다는 관념이 있기 때문이다.

⑤ 수저로 빈 밥그릇을 두드리지 않는다. 이는 거지들이 밥을 빌어먹을 때 그렇게 하므로 거지 팔자가 될 수 있다는 미신이 있기 때문이다.

⑥ 밥그릇을 식탁에 엎어놓거나 밥 위에 젓가락을 꽂아 놓지 않는다. 전자는 병이 나서 탕약을 먹고 난 위탕약을 그릇을 엎어놓기 때문이고, 후자는 젯밥을 뜻하기 때문이다. 북방에서는 밥그릇 위에 수저를 올려놓는 것도 불길하다고 여긴다.

⑦ 혐오감을 줄 수 있는 재료를 사용한 중국 요리나, 구미에 맞지 않는 요리가 나왔을 때는 무리하게 손대지 말고 그대로 보류해 둔다.

⑧ 처음부터 가볍게 드는 것이 좋으면 식성에 맞지 않는 요리는 뜨지 않아도 실례가 되지 않으나 일단 자기 앞에 나누어 놓은 요리는 남기지 않도록 하는 것이 좋은 매너이다.

⑨ 큰 접시에 담긴 요리를 자기가 쓰던 젓가락으로 집어도 관계는 없으나, 나눔 젓가락이나 국자, 수저가 접시에 곁들여 있으면 그것을 쓰는 것이 바람직하다. 자기 앞 접시를 왼손으로 쥐고 큰 접시 곁에 가서 상위에 떨어지지 않도록 나누어 담는다.

⑩ 나눔 접시가 어지러워지고 새로운 접시를 필요로 할 때에는 주저하지 말고 바꾸어 주도록 요청한다.

⑪ 중국요리는 예쁜 모양으로 장식돼 나오는 경우가 많은데 모양을 심하게 훼손시키지 않도록 가장자리나 밑에서부터 조금씩 덜어서 담는 것이 예법이다.

⑫ 후이족回族은 이슬람교도들이 많기 때문에 돼지고기를 먹지 않는다.

⑬ 주전자의 입 부분이 사람을 향하면 당사자가 구설수에 오른다는 미신이 있기 때문에 주전자 입부분을 사람을 향해서 놓으면 안된다.

⑭ 생선을 뒤집어 먹으면 인생이 뒤집어질 수 있다는 미신을 믿는 사람이 많아서 생선은 뒤집어 먹지 않도록 한다.

07

중국에서

먹어 봐야 할 음식

1) 잉어요리

중국인들은 음식 중에서도 특히 생선을 좋아한다. 특히 새해에는 1년 내내 풍요롭고 여유가 있으라는 기원을 담아 생선 요리를 먹는다. 생선 중에서도 특히 좋아하는 것은 잉어다. 중국인과 사업이나 협상 문제로 만났을 때 잉어를 대접하면 분위기는 자연스럽게 좋아진다. 따라서 잉어요리를 접대 받았다면 좋은 관계를 유지하고 싶다는 의미를 가지고 있다.

잉어요리

2) 포탸오창佛跳墙

푸젠성에 가면 꼭 먹어봐야 할 음식은 포탸오창佛跳墙이다. 중국요리 중에 '불도장'이라는 이름은 많이 있는데 '불도장'은 스님이 담을 넘어가 탐했을 정도로 맛있다는 의미를 담고 있다.

포탸오창은 중국 남동부 푸젠성福建省의 성도인 푸저우福州 지역의 최고급 요리로 중국을 대표하는 보양음식으로 현대에도 중국을 방문한 국가원수를 대접하는 최고급 요리로 널리 알려져 있다.

포탸오창佛跳墙

3) 카오루주烤乳猪

카오루주는 통돼지구이 요리로 광둥요리를 대표한다. 카오루주烤乳猪라는 역사적인 요리이며, 청나라 대표적 궁중요리에서 유래한 것이다. 중국인의 고급 연회장에서 빠지지 않는 요리기 때문에 광둥 사람들은 식사 초대를 받으면 식탁에 돼지구이 요리가 올라와 있는지를 먼저 본다고 한다. 카오루주의 관건은 약한 불로 오랫동안 구워야 한다. 그래서 숯에 남아 있는 불씨로 새끼 돼지를 굽는다. 굽는 색깔, 새끼 돼지껍질의 바삭한 정도, 고기 익힘 정도가 중요하다.

카오루주烤乳猪

4) 다자셰大闸

다자셰大闸로 불리는 민물 참게 요리로 중국의 미식가들도 민물 게 인 다자셰大闸蟹 요리라고 하면 완전히 사죽을 못 쓴다고 한다. 상하이 참게는 다리 부분의 털이 황색을 띄고, 다른 지역의 게보다 알이 크고, 단 맛이 더 강하다. 게가 산란기를 맞는 가을의 10월에서 11월 사이의 다자셰가 가장 맛있으며, 이 시기에는 알이 꽉 차있고 영양분이 가득 해 특히 맛이 있다. 조리는 기호에 따라 다양하게 할 수 있으나 쪄서 먹는 것이 보통이다. 껍질을 분해한 다음 곳곳에 갈퀴 같은 홈이 파진 기다란 젓가락으로 열심히 살을 파내서 먹으면 된다.

다자셰大闸

5) 둥포러우東坡肉

저장요리의 대표 주자인 둥포러우東坡肉는 송나라 때 대문호 소동파가 항저우 태수 시절 개발해 오늘날까지 전해지고 있다. 돼지의 비계에 파, 생강, 간장 등의 양념을 넣은 다음 진흙 가마와 시루로 두 번 쪄낸 요리다.

둥포러우東坡肉

08

중국의 술

문화

중국에는 '아침에는 차, 저녁에는 술'이라는 말이 있다. 그래서 중국에는 지방마다 한두 개 정도의 특산주가 있을 정도로 술의 종류가 매우 많을 뿐더러 알코올 도수가 보통 40~60도로 매우 독한 것이 유명하다. 종류에는 증류주인 백주白酒, 양조주인 황주黃酒, 한방약을 이용한 약주藥酒, 과일 등을 이용한 과실주果實酒, 그리고 맥주 등이 있다.

구분	내용
황주	곡류나 잡곡류를 원료로 해서 만드는 양조주이다.
백주	고량高粱 즉 수수 등의 곡류나 잡곡류를 원재료로 해서 만든 증류주이다.
과실주	포도주가 일반적이다. 그 외에는 약초를 배합하여 만든다.
약주	한방약초 등을 사용하여 만든 술로 일반적으로 자양강장을 위한 술이기도 하다.
맥주	중국에서 가장 많은 종류를 자랑하는 술로, 각 지방마다 고유 브랜드를 가진 것이 많다.

제4장 중국의 음식

1) 황주黃酒

황주는 우리의 막걸리와 같이 찹쌀을 원료로 하여 빚은 술로 다소 탁한 적황색에서 맑긴 하지만 황색이 나타나는 술이다. 황주의 생산원료는 양쯔강 북쪽 지역의 수수高粱나 좁쌀粟을 주로 사용하여 소주燒酒인 백주를 만든 것과는 달리 남쪽 지역에서는 주로 산출되는 곡물인 일반적인 쌀을 원료로 황주를 만들고 좁쌀이나 기타 곡물이 소량 들어가기도 한다. 도수는 15도에서 20도 정도이며, 대표적인 황주로는 사오싱자판주紹興加饭酒, 소흥가반주, 푸젠라오주福建老酒, 복건노주, 장시주장펑강주江西九江封缸酒, 강서구강봉항주, 장쑤단양펑강주江苏丹阳封缸酒, 강소단양봉항주, 우시후이취안주无锡惠泉酒, 무석혜천주, 광저우전주홍주广州珍珠红酒, 광주진주홍주, 산둥지모라오주山东即墨老酒, 산동즉묵노주, 란링메이주兰陵美酒, 난릉미주, 친양헤이미주秦洋黑迷酒, 진양흑미주, 상하이라오주上海老酒, 상해노주, 다롄황주大连黄酒, 대련황주, 베이쭝황주北宗黄酒, 북종황주 등이 있다.

사오싱자판주紹興加饭酒

2) 백주白酒

백주는 맑고 투명한 술이라는 뜻이고, 증류주이기 때문에 알코올 도수가 30도에서 60도 정도까지 아주 독한 술이다. 수수로 만든 고량주高粱酒, 미국 닉슨 대통령이 중국을 방문할 때 접대주로 사용되어 명주名酒로 자리를 잡은 모태주茅台酒, 고량, 쌀, 찹쌀, 밀가루, 옥수수 5가지 곡물로 만들었다는 오량액五糧液, 산서성의 분주汾酒, 섬서성의 서봉주西鳳酒 등이 있다.

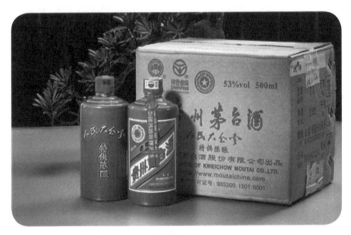

모태주茅台酒

3) 과실주果實酒

과실주는 과일의 즙으로 만든 술로 포도주가 일반적이다. 그 외에는 약초를 배합하여 만든 웨이메이쓰味美思주 등이 있다.

4) 약주藥酒

약주는 술에 각종 약재나 식물을 넣고 증류시켜 독특한 향을 낸 술로 죽엽청주竹葉靑酒와 오가피주五加皮酒가 유명하다.

5) 맥주啤酒

맥주는 중국에서 가장 많은 종류를 자랑하는 술로, 각 지방마다 고유 브랜드를 가진 것이 많다. 칭다오의 맥주가 가장 유명한데 독일과 기술을 제휴하여 만든 것이다. 그 외에 베이징, 상하이, 시안 등지에 각각의 브랜드를 가진 맥주들이 있다.

중국의 술
예법

　중국의 음주 문화는 식당에서 식사를 할 때 거의 반주로 술을 먹는다. 중국에서 사업을 하거나 친교를 위해서는 술이 단연 최고 효과를 발휘한다. 그래서 중국에서는 술 없이 제대로 진척이 되는 사업이 없다고도 한다.

징주澄酒

뉴란산 얼궈터우牛欄山二鍋頭

예부터 중국인들과 술은 불가분의 관계였다. 광대한 대륙 곳곳마다 특산 명주가 존재한다. 수도 베이징만 해도 대표적 대중주인 징주澄酒와 뉴란산 얼궈터우牛欄山二鍋頭를 비롯한 지역 명주 술이 무려 10여 가지나 된다. 전국적으로는 4만 종 가까이에 이른다고 한다.

중국인들은 술을 마실 때 흔한 것이 잔을 마르게 한다는 의미를 가진 '간베이乾杯'를 자주 외친다. 중국의 주도에는 말로만 간베이를 외치는 것이 아니라 실제로 건배이기 때문에 무조건 다 마셔야 실례가 되지 않는다. 따라서 술을 잘 못하는 외국인들은 중국인들과 술자리를 같이 한다는 것이 더할 수 없는 고통스러운 자리가 된다.

술잔이 조금이라도 비어 있으면 계속 따라주는 습관도 술을 못하는 쪽에서 볼 때 고통스러운 자리가 된다. 따라서 술을 마시지 못하면 미리 양해를 구하여 더 이상 따라주지 않도록 해야 한다.

중국인들은 남녀노소 구별 없이 한 손으로 술을 따르고 받는다. 따라서 유교적 가치관이 몸에 밴 한국인들로서는 이상하다고 생각할 수 있지만 중국의 문화니 받아 들여야 한다.

술을 따를 때는 가득 넘칠 정도로 따라야 한다. 술을 가득 따르는 것에는 존경의 의미가 담겨 있다. 그리고 술을 마실 때는 단숨에 잔을 비워야 한다. 그러나 술을 마시지 못하면 미리 양해를 구하여 마시지 않을 수 있다.

10

중국의 지역별
술 예법

중국은 지역별로 음주의 습관이 매우 다르다. 가령 강, 절 지역은 주로 황주를 마시고, 북경 등지에서는 백주 특히 이과두주를 즐긴다. 술의 선택도 지역에 따라 달라서 약한 술에서 독한 술로, 반대로 독한 술에서 약한 술로, 아니면 손님이 선택하는 등 다양하다. 보편적으로 북방은 독한 백주를 호방하게 마시며, 강남은 황주를 주로 하고 즐기듯 마신다.

1) 안휘安徽지방

술을 권하는 주사령酒司令이 있어서 먼저 몇 순배 술을 돌리고 난 다음 본격적으로 시작한다. 이를 '만당홍滿堂紅'이라 하는데, 주량이 큰 사람을 찾는 것이다.

2) 광동지방

주인이 먼저 술 한 잔을 땅에 뿌려 악기를 없애고, 나이가 많은 손님이 오른손으로 술을 묻혀 식탁에 커다란 원을 그리면 주인은 술을 권하기 시작 하는데, 못 마시는 사람은 마시지 않아도 되지만, 술잔을 엎어놓으면 절대로 안 된다.

친한 사이에서는 서로의 술을 마시기도 하는데 이를 '교수주交手酒'라 하며, 서로의 깊은 정을 의미한다. 자리에 늦으면 벌주 세 잔을 마셔야 음식을 먹을 수 있다.

3) 호북, 서북지방

남녀노소 모두 술을 즐긴다. 특히 권주를 중시하여 손님을 많이 취하게 만들어야 손님 접대를 잘한 것으로 생각하여 술을 많이 권하는 것이 특징이다.

4) 요하遼夏지방

요하지방에는 "손님은 누울 수 없고, 술상을 치울 수 없다."라는 말이 있다. 즉 밤을 새며 술을 마시고 손님이 취해야 끝난다.

5) 교동膠東(산동지방)

첫잔은 '홍주紅酒'를 마시고, 그 다음 백주를 마신다. 그리고 자리가 끝날 때 다시 '홍주'를 마신다. 이를 안휘 지역과 마찬가지로 '만당홍'이라 한다. 술을 권할 때는 권한 사람이 먼저 마시는데 '술을 권하기 위해 먼저 마신다.'라는 말이 있다.

중국의 차
문화

중국의 차 중국은 차의 본고장이라고 할 만큼 가장 빨리 시작된 곳이기도 하고 가장 많이 소비되는 곳이기도 하다. 중국에서 차를 언제부터 마셨는지는 정확하게 알 수 없으나 고대의 삼황시대의 신농씨, 주대 노魯나라의 주공 등이 차를 마셨다고 기록되어 있다. 그리고 8세기 당나라 문인 육우는 최초로 차에 대한 지식을 종합한 저서인 다경을 저술하여 차를 만들고, 끓이고, 마시는 방법 등을 체계적으로 정리했다.

고대에는 차를 약용으로 마셨거나 술을 대신해서 마셨으며, 일반 백성들보다는 왕실이나 귀족들이 즐겨 마셨다. 차가 보편화 된 것은 수문제 이후 모든 사람들이 차를 달여 마시기 시작하였고, 황하 중하류 지역에 노점 찻집과 다포茶鋪가 생겨나기 시작하였다.

중국인이 차를 많이 마시게 된 것은 중국 음식은 기름진 음식이 많기 때문에 기름기를 제거하기 위하여 차를 마시게 되었다고 한다. 그래서 중국인들은 차를 많이 마시기 때문에 비만이 적다고들 이야기한다. 우리나라에서는 남의 집에 손님으로 방문하면 가장 보편적인 차가 커피, 주스 등이지만 중국 가정에서는 가장 먼저 내오는 것이 차이고, 식사에도 반드시 빠지지 않는 것이 차이다.

중국인들은 물대신 늘 차를 휴대하면서 마시며, 언제 어느 장소에서든 차를 마실 수 있도록 해놓았다. 중국인들에게 차는 몸에 좋으며, 갈증을 해소해 주고, 몸의 분비 작용이 활발해지며, 숙취를 제거해 주고, 정신을 맑게 해주는 기능이 있다. 이로 인하여 중국은 전세계 차 생산의 42.29%를 차지할 정도로 차 생산 분야에서 압도적인 1위를 기록하였다. 그러나 차 수출은 케냐에 밀려 2위를 차지하나 이는 중국 국내에서의 차 소비량이 엄청나다는 것을 보여준다.

중국 차는 발효 정도에 따라 흑차黑茶, 백차白茶, 홍차紅茶, 황차黃茶, 청차靑茶, 녹차綠茶, 화차花茶 등으로 구분한다.

1) 흑차黑茶

흑차는 찻잎이 완전히 건조되기 전에 수분과 미생물 그리고 찻잎 내의 화학적 유기물의 상호작용에 의해 자연스럽게 후 발효가 일어나도록 하여 만든 차이다. 찻잎은 흑갈색이고 찻물은 갈황색이다.

흑차는 지방을 분해하고 다이어트 효과가 있으며 위를 따뜻하게 하고 장을 청소하는 등 여러 가지 효능을 가지고 있다고 한다. 대표적인 흑차로는 보이차, 천량차, 육보차가 있다.

보이차

2) 백차白茶

백차는 솜털이 덮인 차의 어린 싹을 덖거나 비비는 등의 가공과정을 거치지 않고 그대로 건조시키면서 10~20%가량 발효시킨 가벼운 발효차다. 볶지 않고 햇빛으로 건조시켰는데 찻잎은 새하얗고 찻물은 연한 색을 띠며 향이 맑다.

백호은침

여름철에 열을 내려주는 작용이 있어 한약재로도 많이 사용하며 숙취와 소화불량을 개선해주고, 비타민A가 풍부해 야맹증과 안구 건조증에도 좋다고 알려져 있다. 연하게 우려 마시는 것이 좋다.

대표적인 백차로는 백호은침, 백목단 등이 있다.

3) 홍차紅茶

차와 우롱차의 중간에 해당되는 차로서 찻잎의 엽록소가 파괴되어 황색을 띤다. 홍차는 발효도가 80~90%인 발효차로 찻물이 붉은색이며, 쓰고 떫은 맛을 내는 카테킨 성분이 약 50-60% 감소되므로 차의 맛이 순하고 부드럽다.

홍차紅茶

현재의 홍차는 중국 송나라 때 생긴 것으로 전해진다. 황차는 녹차를 만드는 과정에서 잘못 만들어졌다 하여 송대에는 하등 제품으로 취급되었지만 연한 맛과 색 때문에 중국 고유의 차가 되었다. 찻잎, 찻물 모두 황색이라는 특징이 있다.

대표적인 홍차로는 군산은침, 몽정황아 등이 있다.

4) 청차靑茶

찻잎을 햇볕에 말린 뒤 바구니에 넣고 흔들어 발효시킨 발효도 20~60%의 반 발효차다. 녹차와 홍차의 중간 성질을 가진 청차는 우롱차乌龙茶라고도 불리며 중국 남부 복건성福建省과 광동성广东省 그리고 대만에서 생산되는 중국 고유의 차이다. 민감성 피부 개선에 좋고, 지방이 쌓이는 것을 어느 정도 막아주며 지방연소를 촉진시킨다. 녹차는 발효가 되는 것을 방지하기 위해 잎을 딴 후 즉시 볶거나 찐다. 미발효차이므로 차 본래의 영양분이 많이 남아 있고 떫은 맛과 쓴 맛이 적고 맛과 향이 상쾌하다.

청차靑茶

대표적인 청차로는 대홍포, 철관음, 동정오롱, 문산포종, 봉황단총, 수선 등이 있다.

5) 녹차綠茶

찻잎을 따서 바로 증기로 찌거나 솥에서 덖어 발효가 되지 않도록 만든 불발효차이다. 발효하지 않아 영양분이 거의 손실되지 않는다. 노화방지, 항암, 살균, 소화에 좋지만 카페인 함유량이 은근히 높아 위와 신경에 자극이 될 수 있으니 공복에 마시지 않는 것이 좋다.

대표적인 녹차로는 서호용정, 황산모봉, 동정벽라춘 등이 있다.

녹차|綠茶

6) 화차花茶

찻잎에 꽃향기 등의 향을 흡착시키거나 말린 꽃으로 만든 차를 말한다. 화차는 꽃으로 만든 차로 향이 좋고 약효가 있어 기분을 좋게 하고 건강에도 좋다.

화차花茶

12

차

음다법

차를 끓일 때 무엇보다도 중요한 것은 어떠한 물을 사용하느냐 하는 것이다. 차는 99.6%가 물이기 때문에 물에 따라 차의 맛이 변한다. 가장 좋은 물은 바위 사이를 흘러나오는 샘물이고 다음은 생수이다. 만약 수돗물을 사용할 경우는 5분 이상 끓여야 염소를 포함한 냄새가 날아간다. 찻물은 너무 세지 않은 불로 충분히 끓여 줘야 한다.

충분히 끓지 않은 물은 커피가 잘 풀어지지 않는 이치와 같아 차가 제대로 우러나지 않는다. 차의 종류에 따라 우리는 물의 온도가 다르다. 같은 차라도 물의 온도에 따라 우러나는 성분이 달라 차의 맛이 달라진다. 고급차는 아미노산이 많아 감칠맛이 나고 저급차는 카테킨이 많아 떫은 맛이 강하다.

차를 마시는 음다법은 다음과 같다.

① 먼저 두 손으로 찻잔을 잡는다.

② 오른손으로 잔을 옮겨 잡고 왼손은 찻잔을 받친다.

③ 찻잔을 들어 차의 색色을 감상하고, 차의 향香을 맡고, 천천히 입안에서 차를 굴려 맛味을 음미하며 마신다.

차의 맛을 내는 데는 다기茶器의 크기에 따라 차이가 나는데, 다기가 작으면 차 맛이 강하지만 여운이 적고, 다기가 크면 그윽하고 깊은 맛이 난다.

13

중국의
유명차

중국에서 가장 유명한 차로는 항주 서호의 용정차龍井茶와 광동의 공부차功夫茶가 있다.

1) 용정차龍井茶

용정차는 절강성浙江省 항주杭州 서호西湖 일대에서 생산되는 차로 '녹차의 황후'라 불리며 중국을 대표하는 녹차로 꼽힌다. 용정이란 원래는 샘의 이름이었고, 용정사란 절이 지어진 후 이 절에서 차를 재배한 것이 유래가 되어 용정차라 부른다. 용정차는 짙은 향, 부드러운 맛, 비취 같은 녹색, 참새 혀 모양의 잎새로 유명하다.

용정차는 사獅, 용龍, 운云, 호虎, 매梅로 등급을 나누는데, 이 중 최고 등급은 '사'로 용정사봉龍井獅峰 일대에서 생산되는 찻잎으로 만든 차를 말한다.

용정차龍井茶

공부차功夫茶

2) 공부차功夫茶

공부차는 제다 방법이 정교하고 세심하여 공부工夫하는 마음으로 정성을 쏟아야 한다는 의미로 붙혀진 이름이다. 공부차는 전홍공부차滇紅工夫茶, 기문공부차祁門工夫茶, 의홍공부차宜紅工夫茶, 민홍공부차閩紅工夫茶, 녕홍공부차寧紅工夫茶, 천홍공부차川紅工夫茶 등이 있다. 공부차는 중국 차 문화의 한 송이 아름다운 꽃이며 차 문화의 살아있는 화석이라고 할 수 있다.

이외에도 유명한 차들은 다음과 같다.

구분	내용
룽징차龍井茶	항저우에 있는 룽징에서 생산되는 중국 차 중에서도 가장 으뜸으로 치는 차
우롱차烏龍茶	푸젠성의 우이산武夷山에서 나는 가장 고급 차로 반발효된 것이다.

인젠백호 銀針白毫	고원이나 고산지대에서만 자라는 진귀한 차 종류로 불로장생의 약차로도 유명하다.
윈우차雲霧茶	장시성江西省의 루산盧山에서 생산되는 것으로 유명한 녹차이다.
푸얼차普海茶	차의 잎을 그대로 말려 파는 것과 찻잎을 쪄서 벽돌 모양으로 압축시켜 만든 전차가 있다.
마오리화차 茉莉花茶	재스민차로 4분의 1 정도 발효시킨 차에다가 마오리화 꽃을 혼합하여 만든 차.
전차博茶	찻잎을 찌거나 발효시켜서 압축하여 벽돌 모양으로 만든 차
군산인젠君山銀針茶	동정호 가운데 떠 있는 작은 섬인 군산에서 생산되는 명차
톄관인차鐵觀音茶	우롱차의 일종으로, 특히 소화에 좋으며 푸젠성이 특산지이다.

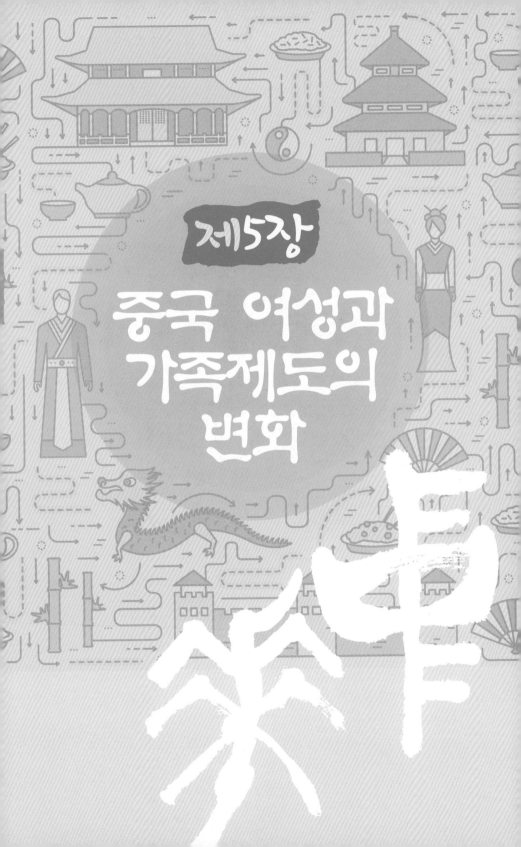

제5장

중국 여성과
가족제도의
변화

놀라운 여성의
지위 향상

중국은 유교 문화의 탄생지로 전통적으로 중국 여성들은 유교 이데올로기의 지배하에 삼종지도와 정절을 요구받았으며, 육아와 가사노동의 일차적인 책임자로 생각되었다. 그뿐만 아니라 전족, 매매 혼인, 축첩 등의 사회적 악습은 1900년대 초까지만 하더라도 중국 사회에 남아 있었다. 그렇기에 중국에서 여성의 지위는 낮을 수밖에 없었다.

그러한 중국에서 1990년대 중반 국가 주도하에 봉건적 여성 차별 문화를 폐기하게 되었다. 중국 공산당은 사회주의 국가 발전과 안정을 위해 여성 동원의 전략적 차원에서 전통적 여성관에 반대하고, 여성해방을 주장하였다. 계획경제 시기에 중앙 통제식 관리에 따라 여성 고용정책이 형식상 양성평등의 방향으로 진행되고 양성평등의 이념이 확산하면서 이에 따라 자연스럽게 여성의 사회 참여와 지위가 향상되기 시작하였다.

더욱이 중국은 "하늘의 절반은 여성이 떠받치고 있다婦女能頂半邊

天"는 마오쩌둥毛澤東의 지론으로 인하여 '하늘의 반쪽'이라는 뜻인 반 벤텐半邊天이 여성이라는 의미로 완전히 정착되어 여성의 지위가 계속 향상되고 있다. 이러한 여성의 지위 향상은 중국 사회에서 여성의 지위 가 남성의 지위를 능가하는 경우가 생기기 시작하였다.

현재 중국 남자들의 유행어 중에는 "나 지금 치관옌妻管嚴에 걸렸 어"라는 게 있는 데 치관옌은 원래 감기라는 뜻도 있지만, 발음이 비슷 한 치관옌이란 의미로 공처가를 말한다. 따라서 "나는 지금 공처가가 되었어."라는 말과 같은 뜻이다.

여성들의 지위 향상은 자녀들에 대한 양육이나 교육에서 모든 주 도권을 거의 여성들이 쥐고 결정하게 만들었다. 그래서 아이도 가정을 주도적으로 이끌어가는 주체를 아버지보다 어머니로 인식하는 경향이 강하다. 이러한 현실을 반영하듯 중국 TV에는 앞치마를 두른 채 열심 히 부인과 자식이 먹을 음식을 준비하거나 설거지를 하는 모습이 자주 나온다.

치관옌妻管嚴

요즘 중국의 젊은 직장인들은 자신들의 처지를 빗대어서 가정에서 서열 1위는 당연히 부인이고, 장모는 당당히 2위에 들어가고, 3위는 딸이고, 4위는 숨겨 놓은 애인, 5위는 처제고, 6위에는 헤어진 옛 애인이라고 한다. 어딜 보아도 남자는 없는 것을 보면 여성의 지위는 그 만큼 높다는 것을 알 수 있다.

02

중국의
여성 기업인

　　가정에서 여성의 지위 향상은 자연스럽게 여자들의 경제활동 활성화로 이어지고 있다. 현재 중국에서 경제활동에 참가하는 여성 인구는 3억 명 정도로 파악된다. 전체 성인 여성인구 중 80% 수준으로 경제협력개발기구OECD 평균인 67%를 훨씬 웃돌고 있다. 경제 분야에서도 여성의 지위는 상당하다는 것을 알 수 있다.

1) 둥밍주董明珠 거리전기 회장

　　둥밍주는 중국에서 가장 유명한 여성 기업인이자 가장 실력있는 여성지도자로 꼽히는 인물이다. 둥밍주는 1954년 난징의 평범한 가정에서 7남매의 막내로 태어났다. 이후 안후이성 우후芜湖간부교육대학 통계학과를 졸업하고, 난징의 국유기업에서 행정직으로 사회 생활을 시작했다. 회사에서 남편을 만나 결혼도 하고 남자아이를 출산하며 평범한 중산층 맞벌이 가정을 꾸려 나갔다. 하지만 아들이 두 살 되던 해 남편이 병으로 세상을 떠나면서 홀로 가혹한 현실에 직면하게 되었다.

둥밍주는 좌절하지 않고 6년 뒤인 1990년 광둥성 주하이에 위치한 신생 에어컨 기업 거리전기에 영업사원으로 입사해 매출의 1/4을 벌어들여 2001년 입사 11년 만에 사장으로 승진했다. 사장이 되어 거리전기를 세계 최대 에어컨 기업으로 탈바꿈시켜 놓았다. 그리고 에어컨 전문기업에서 프리미엄 가전·장비 종합기업으로 거듭났다. 프리미엄 스마트가전, 프리미엄 산업로봇, 컴퓨터 수치제어 공작기계, 친환경 기술, 정밀금형, 통신장비 등 미래 먹거리 사업에도 과감히 뛰어들었다. 현재 그는 고급 인맥 등을 활용해 스마트폰, 전기차 산업에도 투자하고 있다.

둥밍주董明珠

왕펑잉王凤英

2) 왕펑잉王凤英 창청자동차 사장

왕펑잉 중국 창청자동차 사장으로 완성차 업계의 유일한 여성 CEO다. 왕펑잉은 중국 북부 허베이성 바오딩에서 태어났다. 1991년 왕펑인은 톈진재경대학에서 금융전공학사 학위를 취득 하였다.

1991년 21세의 나이로 창청자동차에 입사해 딜러로 시작했다. 2001년 판매부 사장으로 승진했으며 2003년부터 사장총경리직을 맡고 있다. 다양한 기술센터를 세우는 등 연구개발(R&D)에 특히 힘을 쏟고 있는데, 창청자동차 기술센터에만 약 7000명의 연구원이 근무하고 있다. 2018년 창청자동차는 BMW와 장쑤성 장자강張家港시에 광속光束이라는 합자회사를 세웠다. 지분은 각각 5:5다. 이를 계기로 창청자동차의 고급화 전략이 더욱 탄력을 받고 친환경 자동차 판매량도 크게 늘었다. 2017년에 그녀는 포브스(Forbes)에 의해 세계에서 62번째로 영향력 있는 여성으로 평가되었다. 2018년 3월 전국인민대표대회(National People's Congress)에서 그녀는 전기 및 하이브리드 플러그의 증가에 힘입어 2025년까지 차량 판매량을 연간 200만대로 두 배로 늘리겠다는 자신의 견해를 발표했다.

3) 거웨葛越 애플 부총재 · 중화권 총괄 사장

애플이 2018년 세계 최초로 시가총액 1조 달러를 돌파하는 데 거웨葛越 애플 부총재 · 중화권 총괄 사장의 역할이 컸다. 거웨는 랴오닝성 선양 출신으로 캐나다 명문 사이먼 프레이저 대학교(SFU) 전기공학 석사, 미국 캘리포니아대학교 버클리캠퍼스 MBA를 거쳤다. 애플 임원이 되기 전에는 소프트웨어 엔지니어로 다년간 근무했고 스티브 잡스와도 함께 일한 바 있다.

세계 최대 스마트폰 시장이자 가장 경쟁이 심한 지역에서 중화권을 총괄하고 있는 그는 2018년 3분기까지 애플의 중화권 매출 성장률은 두자릿수를 기록했다. 베이징, 상하이 등 대도시에서 애플페이로 버스 요금을 결제할 수 있는 중국 전용 기능 추가하기도 했다.

거웨葛越

03

중국의

여성 정치인

중국은 1949년 건국 이래 현재까지 여성 국가주석이나 상무위원이 한 명도 없었다. 그러나 전당 대회에 해당하는 전국대표대회나 국회에 해당하는 전국인민대표대회의 대표들 가운데 여성이 차지하는 비중이 전체 중 20%를 차지한다. 부부장급 장관 이상에 해당하는 고위급들도 항상 500명 안팎이다. 700개 전후인 각 지방 시의 시장과 부시장급도 여성이 1,000명 전후를 헤아린다. 그리고 25명으로 구성된 중앙정치국에도 류옌둥劉延東 부총리와 쑨슈옌孫春蘭 중앙통전부장 등 여성 정치국원이 2명 있다.

1) 류옌둥劉延東

류옌둥은 당 최고 권력기관인 정치국의 유일한 여성으로서 부총리가 되어 활동하고 있다. 류옌둥은 장쑤성의 난통 시 출신으로, 1964년 중국 공산당에 가입했다. 1970년 칭화 대학 화학공학과를 졸업했으며,

1998년 지린 대학에서 정치학 이론 전공으로 정치학 박사학위를 받았다. 시진핑 중국 총서기의 학과 선배로 대학을 나오기도 했다.

1981년 베이징 시 차오양 구 부서기, 1982년부터 1991년까지 공청단 상무 서기 등을 지냈으며, 1991년부터 1995년까지 중화 전국청년연합회 주석. 후진타오 집권 이후로 중국의 주요 여성 지도자로서 주목을 받았다. 1995년 통일전선부 부부장이 되었으며, 2002년 통일전선부 부장으로 승진하였다.

2005년, 제16기 5중전회五中全會에서는 류옌둥이 천량위 전 서기의 후임으로 상하이시 서기 후보에 거론되기도 했다. 2007년 중국공산당 중앙정치국 위원이 되었으며, 같은 해 통일전선공작부 부장직을 거쳐, 2008년부터 교육, 과학 기술, 문화, 미디어, 체육 분야의 국무위원, 2013년부터 같은 분야를 담당하는 중국 국무원 부총리로 재직하고 있다.

류옌둥劉延東

쑹슈옌孫春蘭

2) 쑹슈옌孫春蘭

쑹슈옌은 랴오닝 선양에서 1950년 출생하였다. 쑹슈옌은 1973년 5월 중국 공산당에 가입하여 초기에 시계공으로 일하다가 나중에 공장과 노동조합의 주요 지도자가 되어 정계에 입문했다. 중국 공산당 중앙위원회 당학교 대학원 졸업하였다. 2009년 11월, 중화 인민 공화국 수립 이후 여성으로서는 두 번째로 푸젠성福建省의 중국 공산당 당위원회 서기로 임명되었다. 또한 중국공산당 톈진시위원회 서기 및 중앙정치국 위원을 지냈으며, 현재는 중화 인민 공화국 국무원의 부총리를 역임하고 있다.

04

가속되는

남성의 여성화

최근 중국 교육부가 "젊은 남성들이 여성스러워졌다"는 통지문을 보낸 사실이 온라인에 퍼지면서 누리꾼들의 분노가 거세지고 있다. 그동안 중국 정부는 남성들에게 가장 인기 있는 롤모델이 더 이상 강인하지 않고 "군대의 영웅"처럼 근육질 몸이 아니라며 걱정했다. 지난주 교육부는 이런 정부의 우려를 담아 "남성 청소년의 여성화를 막기 위한" 통지문에는 학교들이 체육 수업을 개혁하고 교사 채용 조건을 강화할 것을 요구하고 있다.

요즘 중국에서는 어느 곳을 가도 남녀가 거의 반반인 경우가 대부분이다. 여성들이 반반인 경우가 많다 보니 자연적으로 여성들의 지위는 향상되고 남성들은 여성화가 가속되고 있는 것이 사회문제가 되었다.

중국의 소후신문 숫자의 법칙코너에서 중국인들을 대상으로 설문조사한 결과 대상의 26.3%가 "주변의 남성들은 남성성이 부족하다"고 답하였고, 대상의 47%가 중성적인 남성이 최신 트렌드라고 답했다. 이를 통해서 중국 남성의 여성화가 심각하다는 것을 알 수 있다.

중국 남성화의 첫 번째 원인으로는 교육자의 여초 현상이 꼽혔다. 통계에 따르면 중국 사범대 학생 중 남성이 차지하는 비율은 단 6.8%에 불과하며 초등학교의 여교사 비율은 80%에 달한다. 또한 중국 대부분의 가정에서 엄마가 교육을 책임지고 있다며 근거를 제시했다.

두 번째 원인은 변해가는 남성상이었다. 조사에 의하면 남녀가 원하는 남성상에서 '신체 건강'은 뒤에서 2위를 차지했다. 옛날부터 중국 여자들은 늙고 강인한 다라오추大老粗보다는 여성성이 강한 선비같은 샤오바이롄小白臉을 더욱 선호했다. 그래서 경극에서는 샤오바이롄처럼 생긴 남자가 여자 역할을 하거나, 역대 황제들 중 동성애자들이 많았다. 이런 경향은 오늘에까지 이어져 중국 여성들은 터프하고 남성적인 남성보다는 오히려 꽃미남의 야들야들한 신사 스타일을 선호하다 보니 자연적으로 남성이 점차 여성화되어 가고 있다. 사회적으로 여성의 지위가 높아지다 보니 여성의 지위가 자신보다 높거나 능력이 뛰어나도 남자들은 순순히 받아들인다. 이런 분위기 때문에 중국사회에는 자연스럽게 우먼파워가 형성되고 더불어 남성들의 여성화도 가속되고 있는 것이다.

다라오추大老粗

샤오바이롄小白臉

05

심각한

독신 가구의 증가

2020년 중국 정부는 전국 혼인신고 부부가 813만 1천 쌍에 그쳐 7년 연속 하락하고 있다고 발표하였다.

리인허李銀河 사회학자는 1980년대 중국 가정을 대상으로 조사했을 때, 1인 가구가 약 2%에 불과했지만, 2007년에는 1인 가구가 12%로 증가했다고 설명했다. 그러나 중국 국가통계국이 《중국통계연감》이 발표한 표본조사 데이터를 보면, 2015년부터 중국 1인 가구 비율이 매년 증가해 2015년 13.15%에서 2019년 18.45%로 증가하면서 중국의 독신 가정이 늘어나는 추세로 나타났다.

또한 1990년부터 2017년까지 중국 가임여성의 평균 초혼 연령이 4살 이상 늦추어져 21.4세에서 25.7세로 높아졌고, 계속해서 높아지는 추세인 것으로 나타났다.

조사 결과를 보면 부모 세대와 비교해 '80허우' 80後(1980년대 출생자), '90허우'들은 갈수록 독신을 하나의 정상적 선택사항으로 보았다. "30살이 넘었지만 아직 결혼하지 않았다", "20살이 넘었지만 여전히 모태솔로다" 등 현상이 젊은이들 사이에서 아주 흔한 일이 되어버렸다.

현재 중국은 결혼 적령기의 젊은이들이 갈수록 결혼을 선택하지 않고, 1인이 배부르게 먹고, 1인 가족이 배고프지 않는 독신생활 방식을 선택하는 인구가 증가하고 있다. 또한 결혼관은 개방적으로 변해, 만혼, 비혼, 동거 등이 추세가 되었고, 결혼은 더 이상 필수사항이 아니며, 다양한 선택에 사회도 더욱 포용하는 추세로 바뀌어 가고 있다.

중국에서 독신이 증가하는 이유를 보면 다음과 같다.

첫째는 전통적인 향토사회에서 가정은 소비단위일 뿐 아니라 생산단위로 가정을 구성하였지만, 현재 중국 사회의 도시화, 현대화 과정으로 혼자서 돈을 벌고 쓸 수 있으며 결혼은 해도 되고, 안 해도 되는 인생의 선택사항이 되었기 때문이다.

둘째는 여성들에게 있어 과거의 경우 남자는 바깥 일, 여자는 살림을 맡았기 때문에 여성이 만약 결혼하지 않으면 생활할 수 있는 능력이 없었지만 지금은 여성도 완전히 스스로 생활할 수 있고, 남자에게 의지할 필요가 없기 때문에 결혼에 대한 의지가 과거에 비해 크게 줄어들었기 때문이다.

셋째는 경제가 발달한 지역일수록 집값은 물론 부담해야 하는 생활비가 많이 들기 때문에 가정을 꾸리기보단 각자의 삶을 즐기려는 이들이 많이 졌기 때문이다. 실제로 평균 6~7만 위안이 결혼식 비용으로 발생하는 것으로 나타났다. 이는 1년 소득 이상의 금액을 결혼식 비용에 지출하게 되는 셈이다.

넷째는 결혼으로 두 집안의 결합, 신혼집 마련, 자녀계획 등 양가 집안의 이견차가 매우 크기 때문이다.

여성의 심리

06

만연하는
혼전동거

사회주의 이념이 모든 것에 우선한 1970년대 말까지만 해도 중국에서 혼전 동거는 거의 범죄로 치부됐고 이혼도 비난과 손가락질의 대상이었다. 그래서 1980년대 만해도 중국에서 혼전 동거 커플은 1% 정도에 불과했다. 그러나 현재 중국의 혼전 동거에 대한 의식변화와 동거율이 놀라울 정도로 급상승하였다.

베이징北京대학의 전문가들이 2010~2012년 진행한 '중국가정 추적조사中国家庭 追踪调查' 결과 같은 기간 결혼한 신혼 부부 가운데 40% 이상이 혼전 동거를 거친 커플로 나타났다.

중국의 공식 기관인 중국혼인가정공작연합회中國婚姻家庭工作聯合會가 최근 조사해보니 1986년 이후 태어난 중국인 가운데 60%가 혼전 동거에 들어갔던 것으로 밝혀졌다. 중국에서 2001년만 해도 공식적으로 불법이었던 혼전 동거가 흔해져, 젊은이들의 혼전 동거율이 미국 젊은이들과 맞먹게 된 것이다. 이처럼 혼전 동거가 사회의 일반적인 현상이 되어 버린 현실이 놀랍기도 하다.

중국에서 혼전 동거가 증가하는 이유는 여러 가지가 있다.

첫째는 장쑤성江苏省이 지난 2003년 결혼 증명서 없이도 남녀가 동거를 할 수 있도록 허용하는 조례를 통과시켰다. 장쑤성 당국은 조례를 통과시키면서 "그동안의 동거 금지 규정은 계획경제 시대의 유물이었다. 시장경제인 지금의 상황에 맞지 않다. 또 동거는 사생활로 국가가 간섭할 수 없다."라는 코멘트까지 달았다. 다른 지방 정부들도 장쑤성처럼 조례까지 통과시키지는 않을지라도 상황을 묵인하는 경우가 전국적인 현상이 되어 버렸다.

둘째는 중국의 젊은이들도 다른 나라 젊은이들과 별로 다를 게 없이 무엇보다 개인주의가 점차 강해지고 여성의 경제력이 향상된 데다 결혼 연령이 높아지고 혼전 섹스를 금기시한 전통 사고방식은 약해지고 있기 때문이다. 셋째는 많은 젊은이 들이 부모로부터 독립해 따로 살만한 경제적 능력을 갖추게 되었기 때문이다.

중국 젊은이들의 혼전 동거에는 독특한 특징이 하나 있다. 선진국에서는 상대적으로 가난한 커플들이 동거를 택하나 중국의 경우 베이징·상하이上海 같은 부유한 도시에 거주하는 고학력 커플들이 주로 동거를 택하고 있다는 것이다. 대학가를 둘러보면 이런 현상은 더욱 심해 기숙사가 충분히 있지만 일부러 캠퍼스를 나와 이성과 동거하는 남녀 학생이 부지기수다.

그러나 현실적으로 혼전 동거는 여러 가지 문제점을 지닌다. 만약에 임신을 해서 아이를 낳으면 호적에 올릴 수 없기 때문에 사생아가

양산될 가능성이 높다. 그리고 당사자들의 감정에 균열이 생겨 헤어졌을 때 위자료를 받지 못하기 때문에 여성에게 피해가 돌아갈 수 있다는 것이다.

07

증가하는

이혼율

중국에서는 당이나 정부에서 허가하지 않으면 법률적으로 남남이 된다는 것은 연애를 통해 결혼하는 것보다 훨씬 더 어렵다. 그래서 개혁개방 정책이 본격 추진되기 직전인 1977년 중국의 이혼율은 0.1%에 지나지 않았다. 그러나 현재 중국의 이혼 실태는 상상조차 하기 어려울 정도로 변했다.

"오늘 결혼하고 내일 이혼하는 것은 서구에서만 있는 일이 아니다."라는 말이 유행어가 될 만큼 이혼 열풍도 심각하다. 항간에 이혼은 필수, 재혼은 선택, 삼혼 이후부터는 버릇이라는 황당한 농담까지 유행하고 있는 것이 현실이다.

이혼이 증가하는 원인은 다음과 같다.
첫째, 개정된 법률을 최우선으로 꼽을 수 있다. 1980년의 개정된 새로운 결혼법은 부부 간의 애정이 깨지는 성격차이조차 이혼 사유로 인정하기 시작하면서 1980년의 이혼율은 1977년에 비해 무려 7배나 증가하였다.

둘째, 2003년 제정된 혼인등기 조례는 보다 더 결정적인 역할을 했다. 결혼과 이혼할 때 정부나 직장의 승인이 전혀 필요 없게 된 것이다. 따라서 당사자가 원하면 바로 이혼이 가능한 것이다.

셋째, 꾸준한 여권의 신장으로 인해서 여성이 자신의 권리를 침해받았다고 생각하면, 쉽게 이혼을 하기 때문에 이혼율을 증가시키고 있는 이유가 되었다.

이혼의 유행은 새로운 사회 풍속을 만들고 있다. 이혼자들이 증가함에 따라서 이혼클럽이 우후죽순처럼 증가하고 있다. 이혼클럽은 이혼자들이 모여서 자신의 이혼 경험과 그에 따른 상처를 서로 공유하면서 새 출발을 다지는 모임이다. 원래 이혼클럽은 비교적 자유분방한 도시인들인 상하이, 광둥성, 광저우 등에서 시작하여 유행하다가 현재는 전국적으로 번지게 되었다.

이혼은 자연스럽게 재혼으로 연결된다. 안타까운 것은 재혼의 파경이 초혼보다 훨씬 높다는 사실이다. 초혼의 이혼보다 재혼의 이혼이 통상 3~4배 높은 것을 알려지고 있다. 그러다 보니 중국 사회에서는 삼혼, 사혼까지 하는 사례도 빠르게 늘어나는 있는 추세다. 한번 이혼한 사람은 이혼이 익숙해져 다시 이혼하는 것이 어렵지 않은 일이 되어 버린 것이다.

중국 정부 당국도 당연히 늘어나는 이혼을 막아 보려고 노력하고 있다. 이혼 수속을 어렵게 한다든가 간통죄의 부활을 모색하고 이혼을 막기 위한 국가 차원의 캠페인도 벌이고 있다. 그러나 이혼을 줄이는 데는 큰 효과를 보지 못하고 있다.

08

증가하는

량토우훈_{两头婚}

중국의 전통적인 결혼 방법은 2가지가 있다. 첫 번째는 일반적으로 우리가 알고 있는 남자는 장가가고, 여자는 시집가는 방식으로 매우 보편적인 결혼 방식이다. 두 번째는 아직까지도 남자의 결혼 비용이 여자에 월등하게 많은 만큼 아들이 많거나 여자 측에 비해 경제적으로 여유롭지 않은 경우 이루어지는 데릴사위 방식이다.

이 2가지 방식은 결혼 후에 한 집에서 같이 동거한다는 특징을 가지고 있다. 그런데 최근 중국에서 일반적으로 결혼을 하면 2개의 다른 가정에서 자라던 남녀가 한곳에서 새로운 가정을 시작하는 것과 달리, 결혼 후에도 각자의 집에서 생활하는 독특한 방식의 결혼제도가 생겨나 이슈가 되었다.

최근 중국 장쑤성江蘇省과 저장성浙江省 지역에서는 '량토우훈两头婚'이라고 하는 새로운 결혼 문화가 성행하고 있다. 량토우훈은 결혼한 부부가 각자의 집에서 거주하는 풍습을 말한다. 이는 결혼을 해도 법적인 결혼의 이해관계나 구속력 없이 성인 남녀가 합의 하에 결혼 전처럼 두 지붕 한 가족 결혼 방식을 택하는 것이다. 이로 인해 해당 방식은 남자가 장가를 가는 것도, 여자가 시집을 가는 것도, 그렇다고 데릴사위가 되는 것도 아닌 새로운 결혼 방식으로 인식되고 있다.

량토우훈은 직장이 너무 멀어 어쩔 수 없이 떨어져 살아야 하는 주말부부나, 각자의 사생활을 존중하기 위해 따로 떨어져 사는 중국의 '저우훈走婚'과는 다른 개념이다. 량토우훈과 주말부부의 차이점은 육아에서 뚜렷하게 드러난다. 주말부부는 아이가 태어나면 모두 아빠의 성을 따르고 대부분 엄마가 양육한다. 그러나 량토우훈을 선택한 부부가 아이를 낳게 되는 경우 첫째는 아빠의 성을 따르면서 아빠 쪽에서 부담하여 아이를 키우게 된다. 둘째가 태어나면 둘째는 엄마의 성을 따르도록 하고 엄마 쪽에서 아이를 키우도록 하고 있다.

중국도 우리나라처럼 결혼해 아이를 낳는 경우 아빠의 성씨를 따르도록 되어있다. 이로 인해 외동딸을 둔 가정에서는 집안의 대를 이을 수 없다는 문제점이 존재한다. 결국 이러한 문제점의 대안으로 '두 성씨 가족'을 택하는 량토우훈이 성행하게 되었다. 량토우훈 현상이 장쑤성과 저장성에서 두드러진 이유는 이 지역의 경제발전과 함께 여권이 향상되어 구속되지 않고 자유롭게 살려는 여성들의 의식의 변화를 꼽을 수 있다.

09

계획생육 정책의

문제점

중국의 오늘을 있게 만든 것은 덩샤오핑의 개혁개방 정책을 비롯하여 한 자녀 낳기 정책인 계획생육정책计划生育政策은 성공한 정책으로 평가받고 있다.

계획생육정책计划生育政策은 1978년부터 시행된 중국의 국가규모 산아 제한책을 말한다. 19세기 말 중국의 인구는 겨우 갓 1억 명을 넘는 수준이었으며, 1950년대 초에 5억여 명에 이르렀고, 1977년에는 8억여 명을 넘었다. 이러한 현상은 중국에서 인구폭발에 의한 대재앙이 올 것이라고 경고하면서 본격화됐다. 이처럼 인구가 급격히 증가함으로 인해서 발생하는 문제를 줄이기 위하여 만들어진 정책이 계획생육정책이다. 도시에 거주하는 부부들은 소수민족을 제외하고는 한 자녀만 낳아야 한다는 것이 이 정책의 핵심 요지였다. 계획생육정책은 한 명의 자녀만 낳도록 해서 '한자녀 정책'이라고 하기도 하며 사상 최대 규모의 인구조절정책이다.

계획생육정책은 한국에서 1970년대부터 펼친 가족계획정책과 비슷하지만, 한국에서는 자발적으로 참여하도록 한 반면에 중국에서는 중국 공산당의 강제력이 의해서 출산률을 대폭 줄이고 거대한 영향을 끼쳤다.

계획생육정책은 벌써 시행 40년을 넘어선 정책으로 상당한 효과를 보았으나 인구가 급격히 감소함으로 인해서 사회문제가 될 것으로 예측되자, 1990년대 후반부터는 두 부부가 모두 외동이면 둘을 낳을 수 있도록 허용했고, 2013년부터는 두 부부 중에 한 명이라도 외동이면 둘을 낳을 수 있게 허용하면서 한 자녀정책은 사실상 폐지된다. 그리고 3년 뒤인 2016년에는 2자녀까지, 8년 뒤인 2021년에는 3자녀까지 허용하게 된다.

계획생육정책 이후 40여 년이 흐르면서 한 자녀를 갖는 것이 대세가 되어 인구제한 정책이 폐지되었지만 중국의 부부들은 여전히 한 자녀를 두는 집안이 많아졌다. 그래서 미래의 국가경쟁력인 어린이들의 숫자가 급감하고 있다. 1995년에는 중국의 14세 이하인 인구가 3억 3,400만 명에 이르렀으나 2010년에는 8,200만 명이나 적은 2억 5,200만 명으로 줄어들었다. 2020년에는 1천 200만명의 아기가 태어났으며, 14세 이하가 17.95%, 60세 이상이 18.7%로 조사되어 중국 역사상 처음으로 14세 이하 어린이 인구보다 60세 이상 인구가 더 많이 조사되어 심각한 노령화 현상이 진행될 것으로 예측되고 있다.

그리고 중국의 전통적인 남아 선호 사상 탓에 남초 현상이 극심해졌다. 2010년의 경우 여야 100명당 남아 출생 비율이 무려 120명을 넘어섰다. 이 상태로 가면 중국이 신부 수입국이 되는 것은 시간문제다. 나아가 성비 불균형으로 인한 성범죄도 기승을 부릴 것으로 우려된다. 이 밖에 한 자녀 정책이 시행된 지 40년이 지나면서 자녀 한 명이 부모와 조부모 세대의 부양을 모두 책임져야 하는 시대가 본격적으로 도래하여 국가경쟁력을 떨어뜨리는 요인으로 작용할 것으로 예측되고 있다.

현재 중국은 이러한 문제를 해결하기 위하여 근본적인 대책을 강구하지 않으면 안 되게 되었다.

10

샤오황디小皇帝의

출현

계획생육정책으로 인해서 자녀를 하나만 두다 보니 자녀는 온 가족의 극진한 사랑을 받으면서 황제로 군림하고 있다. 이러한 현상을 샤오황디小皇帝, 샤오궁주小公主 전성시대라고 부른다.

샤오황디小皇帝는 1979년 중국에서 시작한 계획생육정책 이후에 의해 1980년대에 태어난 독생자층을 이르는 말로 바링허우80後라고 부르기도 한다. 여자 아이의 경우에는 샤오궁주小公主라고도 한다.

샤오황디는 1980년대 이후에 태어났다고 해서 바링허우八零后 세대라고도 불린다. 1980~1989년에 태어난 바링허우 세대인 1기 샤오황디는 대략 2억 명이다. 이들은 이미 결혼해 역시 샤오황디로 태어난 자녀 양육에 돈을 쓰기 시작하는 1기로 나누며 이들이 약 3억명이다. 이들은 중국의 고도 경제성장기에 태어나 자랐기 때문에 이전 세대 중국인들과는 전혀 다른 라이프스타일을 보이고 있는 것이 특징이다.

샤오황디小皇帝의 특징은 풍요로운 경제적 기반을 가진 부모의 과

보호 속에서 성장하여 사회적 활동량과 소비 수준이 높아 중국의 떠오르는 주류 소비계층으로 대두되었다. 이들은 다소 이기적이고 독선적이라는 평가를 받는다. 앞으로 샤오황디小皇帝가 중국의 내수 시장의 소비 주력군이 될 것이라는 전망이 많은데, 이들은 의류나 정보통신기기에 대하여 특히 관심이 많으며 국민 소득에 비해 훨씬 높은 소비력을 보인다.

이들 중 하이구이海归 미국 등 선진국에서 유학을 마치고 귀국한 인재를 지칭하는 말들은 과거에 보지 못하던 새로운 엘리트층으로 등장하고 있다. 서구식 소비 패턴과 사고방식, 홈 파티나 클럽, 테이크아웃, 명품 브랜드 문화 등에 푹 젖어 있다는 비판을 받기도 하는 이 세대들은 혼수 관련 소비나 자녀 출산과 양육을 위해 지나칠 정도로 사치스러운 소비 행태를 보이고 있다. 그렇기 때문에 중국 내 기업이나 해외 진출 기업들은 이들을 대상으로 한 마케팅 경쟁에 열을 올리고 있다. 삼성, LG그룹 등의 한국 기업들도 중국의 샤오황디를 주목하여, 타깃 마케팅을 전개하고 있다.

특히 2기 샤오황디小皇帝는 첨단 유행을 적극적으로 선도하는 소비층으로서 어린 시절부터 시장경제를 자연스럽게 몸에 익혔다는 특징을 가지고 있다. 중국 대륙은 2기 샤오황디小皇帝들로 인해 고급 내수시장이 형성되었으며, 부모들이 어린 자녀를 황제처럼 떠받들다 보니 돈을 아낌없이 펑펑 써대고 있는 것이다. 더욱 심각한 문제는 샤오황디들이 너무 곱게 자라다 보니 거의 대부분이 독립심이 부족한 나약한 어른으로 자라난다는 사실이다. 이러한 지나친 소비 형태를 빗대어 방라오쭈

傍老族(부유한 부모 밑에서 놀고먹는 자녀), 웨광쭈月光族(월급을 모두 써버리는 사람)라는 그다지 달갑지 않은 별칭도 가지고 있다.

중국의 한 자녀 정책은 샤오황디의 왕성한 구매력을 촉진해 내수를 진작시키는 긍정적 측면이 확실히 있었으나 사회적으로는 갖가지 부작용을 낳고 있어 이에 대한 대책도 시급한 실정이다.

11

바링허우八零后

세대

    중국에서 1919년 발생한 반제국주의·반봉건주의 혁명 운동은 5.4 운동은 천두슈, 리다자오, 후스 등의 청년 학생들이 문화운동을 주도 했고, 이를 통해 마오쩌둥, 저우언라이, 덩샤오핑 등도 역사의 전면에 등장할 수 있었다.

    그로부터 1세기 후 중국에는 바링허우八零后, 월광족月光族, 탸오탸 오족跳跳族이 나타났다. 덩샤오핑의 개혁개방 이후인 1980년대에 태어 난 세대를 뜻하는데 여기서 바링八零은 '80'을 뜻하고, 허우后는 '~이 후'라는 뜻이다. 월광족의 월은 달이라는 뜻이고, 광은 '하나도 남기지 않는다'는 뜻으로 버는 족족 다 써버리는 사람들을 뜻한다. 탸오탸오 는 '점프한다'는 뜻으로 이 회사에서 저 회사로 자주 이직을 하는 사람 들을 의미한다.

    이중에서 바링허우 세대들이 주도하는 청년 문화가 중국에 널리 퍼지고 있다. 바링허우 세대는 소황제와 소공주들로 태어나 어느새 어른이 되어 현재는 중국 경제를 이끌어 가고 있고 중국 내수 소비의 주축이 되었다. 그런데 이들은 개혁개방 이후라는 특별한 시기에 태어난 만큼 그 이전 세대와는 확연히 다른 특징들을 갖고 있다.

바링허우들은 이념이나 인권에 대해서는 관심을 두지 않으며, 극단적인 애국심과 중국인으로서의 자존심은 대단히 강하게 표출하며, 집단주의적인 성향도 보이는 특징을 가지고 있다. 이들은 또 100% 디지털화돼 있어 프랑스 유통업체인 까르푸가 티베트를 지지하기 위해 올림픽 보이콧을 천명했다는 이유로 2008년 5월부터 까르푸 112개 매장에 대한 불매 운동을 벌여 끝내 프랑스정부의 항복을 받아냈다.

바링허우 세대는 왕성한 소비 집단으로 시장경제의 한 축을 이루고 있다. 그래서 베이징 싼리툰 거리에서 젊은 남녀들이 웬만한 외국인들보다 더 많은 돈을 쓰면서 쇼핑하며 길거리에서 과도한 애정 표현을 한다. 부유한 바링허우들은 돈을 물 쓰듯 한다. 중국에 진출한 한국 기업들도 최근에는 이런 현상에 주목하고 바링허우 마케팅을 전개하고 있다.

바링허우 세대는 남의 눈치를 보지 않기 때문에 창의적이고 도전적이면서도 자아의식이 확실하기 때문에 중국 경제의 원동력이 되고 있다. 그러나 외동으로 집에서 소황제로 군림하며 부모로부터 과도한 사랑을 받고 고생을 모르고 자란 이 세대는 힘든 것을 참지 못하며, 나약한 데다 이기적이면서도 반항적이기 때문에 중국의 미래를 걱정하는 목소리도 나오고 있다. 일부는 이들을 일컬어 '가장 무책임한 세대' '우매한 세대' '가장 이기적인 세대'라는 비난을 퍼붓기도 한다. 실제 바링허우 세대들 중에는 걸핏하면 자살하고 게임만 하다가 이혼하는 부부가 속출하기도 한다.

앞으로 중국의 미래는 온전히 바링허우 세대에 달려 있다. 그래서 중국 정부 당국이 이들이 주도하는 문화를 예의주시하면서 장점은 북돋우고 어려움은 해결해 주려는 것도 바로 이 때문이다.

제6장

중국인의 의식

유유상종 문화

유유상종類類相從의 국어사전적 의미는 비슷한 것들끼리 무리를 이루는 것을 말한다. 그러나 과거에는 인재의 모임을 뜻했으나, 요즘에 와서는 배타적인 무리들을 비꼬는 말로 쓰인다.

원래 유유상종類類相從은 중국의 고사에서 나왔다.

제나라의 선왕이 순우곤에게 명했다.

"여러 지방을 다니며 등용할 만한 인재들을 모아오시오."

순우곤은 왕명을 받들고 여러 날 지방을 순회한 끝에 일곱 명의 인재를 데리고 왔다.

그것을 보고 선왕이 말했다.

"귀한 인재를 한번에 일곱 명씩이나 데려오다니, 너무 많은 게 아니오?"

그러자 순우곤은 자신만만한 표정을 지으며 대답했다.

"본시 같은 류의 새가 무리지어 사는 법입니다. 인재 또한 그것과 다르지 않아 자기들끼리 모이는 법입니다."

중국인의 유유상종 문화를 여실히 볼 수 있는 것은 중국의 전통적 조직 문화인 '취안圈'이다. '취안'은 원래 영어로는 취미와 공감대가 같은 사람들끼리의 동호인 모임을 일컫는 서클 정도의 뜻을 가지고 있지만, 실제로는 중국에서 직업이나 사회 활동과 관련해 평생을 함께하는 집단이나 조직을 일컫는 대단한 의미를 내포하고 있다.

최근에는 자신과 관련 있는 가족, 조직 등에 대해서는 엄청나게 신경을 쓰는 유유상종 문화가 더욱 유행하고 있다. 중국에서는 '우리' 대신 '나'라는 단어가 더 잘 통하는 사회 분위기가 되었고, 우리는 가족이라는 말을 자주 한다.

중국은 5,000년의 역사 동안 수많은 전쟁을 치루면서 멀리 있는 친척보다는 가까이 있는 이웃이 나은 경험들을 하면서 유유상종이 자연스럽게 녹아들었다. 더구나 중국은 춘추전국 시대부터 수십 개 나라로 쪼개져 통합과 분열을 거듭하면서 발전해 온 나라다. 따라서 너나 할 것 없이 나와 같은 지역 사람들을 중심으로 비슷한 사람들끼리 인맥을 맺는 것은 당연한 일이라고 할 수 있다. 이러한 의미에서 민족의식보다는 유유상종의 동향의식이 더 강해진 것이다.

민족보다는 동향인을 우선하는 유유상종의 문화는 장단점이 있다. 유유상종은 자신 분수를 알고 현실에 만족하도록 하며, 사업을 할 때는 거의 조건을 묻지도 따지지도 않고 동업을 많이 하는 경향은 장점이다.

유유상종 문화의 단점은 발전을 위한 동기부여가 잘 안 되며, 남이

나 다른 집단의 일에 무관심한 이른바 개인주의와 문화를 더욱 확산시
킨다는 것이다.

02

태자당^{太子黨}

태자당^{太子黨}은 중국 공산당 혁명 원로의 자제와 친인척들로 구성된 정치 계파로 중국의 개혁개방을 이끈 부모의 후광을 제대로 받기 때문에 태자들이 모임이라는 뜻이다. 이들은 공산당, 정부, 군부, 재계 고위층의 자녀들로 덩샤오핑의 자녀 및 사위를 비롯해 약 4,000명이 핵심 요직에 포진해 있으며, 거의 대부분이 온건 개혁파이다.

태자당의 당원들은 실제로 부모 이름만으로도 먹고 살 수 있는 인물들이 많으며, 집안 유대로 인해 가까운 관계를 유지하는 것으로 알려져 있다. 가령 덩샤오핑의 자녀들과 그의 사위, 그리고 저우언라이의 양자 등, 이들은 중국에서는 영웅 서사시 속 등장인물들의 후손인 것이다. 대표적인 인물은 덩샤오핑의 자녀들인 덩푸팡鄧樸方(덩샤오핑의 큰아들, '중국제일태자'로 불림), 전국장애인협회 회장 덩린鄧林(덩샤오핑의 장녀), 덩룽鄧榕(덩샤오핑의 3녀), 덩즈팡鄧質方(덩샤오핑의 막내)을 비롯하여 재계 인물로는 천위안陳元, 양샤오밍楊紹明, 왕쥔王軍 등이 있다.

태자당원들은 부모의 후광을 받아서 중국 정계에서든지 군에서든지 아니면 재계에서든지 모두 다 한 끗발 한다. 본인은 물론 가족 내력까지 꼼꼼하게 살핀다는 면에서 중국 공산당의 3대 파벌 중 들어가기가 가장 힘들다고 한다. 2012년부터 중국의 지도자가 된 시진핑이 바로 태자당 지도부 출신이다.

태자당은 인원이 많지만 내부적으로도 엄격하게 운영되고 있지만, 워낙 자녀의 숫자가 많아서 태자당 내에서만도 경쟁이 치열하다. 대표적인 케이스가 보시라이이다. 본래 태자당의 수뇌부에 있었던 명문가의 자제였고 집권 세력도 태자당인지라 선처를 받을 것으로 생각되었다. 그러나 실제로는 무기징역이 선고되었다. 물론 보시라이가 워낙 도를 넘은 행동으로 화를 자초해서, 도저히 못 봐준 상황이었다. 그래도 100% 사형 받을 상황에서 무기징역으로 감면해서 목숨은 살려줬다.

보시라이

정계에서 활동하고 있는 태자당 출신으로는 국가주석 시진핑이 있다. 시진핑의 아버지 시중쉰은 대장정에 참여하지는 않았지만 대장정해 온 공산당 지도부가 자리를 잡은 옌안 해방구를 건설한 사람이다. 시진핑보다 먼저 주목을 받았다가 후진타오 주석 재임 당시 개인비리 혐의로 몰락한 보시라이도 대표적인 태자당 출신 정치인으로 아버지 보이보가 공산당 원로였다.

이외에도 혁명열사의 아들로 저우언라이周恩來의 양자인 리펑李鵬, 중앙군사위원회 부주석을 지낸 예젠잉葉劍英의 아들인 예셴핑葉選平, 국가부주석을 지낸 우란푸烏蘭夫의 아들 우부허烏布赫, 전국인민대표대회 상무위원을 지낸 장중루張仲魯의 아들인 장하오뤄張皓若 등이 있다.

이처럼 태자당은 중국의 정·관·재계 곳곳에서 막강한 권력을 행사해 왔다. 특히 재계에서는 거대한 인맥을 이루고 있는데다가 중국 특유의 관시의리 문화 때문에 각종 비리의 온상이 되기도 한다.

태자당이 정계보다 재계에서 두각을 나타내는 이유도, 이들이 부모의 배경을 입고 각종 이권이나 특혜를 받아서 쉽게 돈을 벌 수 있기 때문이다. 그나마 정계에서는 본인 능력으로 올라온 공산주의 청년단파의 견제를 받지만 재계에서는 경쟁자나 견제를 받는 것이 없기 때문이다.

1989년 6월 4일 톈안먼사건을 야기한 중국민주화운동의 핵심요구 중 하나가 '고관 친인척즉 태자당 비리척결'이었을 정도로 이들에 대한 중국민의 여론은 부정적이다. 시진핑도 이런 여론을 의식해서 비리 척결운동을 벌였고, 여기에 걸려든 인물들이 대부분 상하이방이긴 하지만 태자당 중에서도 상당히 많은 자들이 단속에 걸렸다.

이러한 여론에 힘입어 중국 지도부는 1997년 8월 공산당 내부의
태자당 출신 인물들의 승진을 늦추도록 결정했는데, 중국이 열린사회
로 나가기 위해서는 혈연을 등에 업고 출세가도를 달린 태자당의 역할
이 당연히 제한받아야 한다는 인식 때문이었다.

03

중국의
파벌

중국 공산당의 수뇌부는 여러 개의 파벌에로 구성되어 있다. 파벌
은 어떤 사회적 조건을 공유하고 있는 구성원들이 세력을 확대·유지
시킬 목적으로 동료의식을 가지고, 같은 목표를 가진 다른 사람들에게
불이익이 되는 부조리한 배척활동을 하는 집합체를 말한다.

중국에서의 파벌은 중국에서 직업이나 사회 활동과 관련해 평생을
함께하는 집단이나 조직을 일컫는 대단한 의미를 내포하고 있다. 때문
에 누구라도 발전 가능성이 큰 취안에만 들어가면 그야말로 평생 자신
이 원하는 부, 명예, 권력을 얻을 수 있다. 취안에만 들어가면 서로가
서로를 보살펴주고 끌어주므로 가자는 데로만 따라가면 살아가는 데
큰 걱정을 할 필요가 없다.

중국에서 정치적으로 성공하려면 파벌에 대한 선택을 잘해야 한
다. 중국에서 정치엘리트들은 나름대로 자신의 출신 지역이나 근무했
던 지역을 중심으로 파벌을 만들어 서로를 도우며 이끌어준다. 중국에

서 유명한 파벌로는 공산주의청년단共産主義靑年團(공청단), 상하이방上海幇, 태자당太子黨, 산시방陝西幇, 산둥방山東幇, 광둥방廣東幇 등이 있다.

1) 공산주의청년단共産主義靑年團(공청단)

공산주의청년단파는 전임 국가주석인 후진타오의 주요 권력기반으로 알려진 곳이다. 공산주의청년단은 중국공산당 예비 당원을 양성하는 진지 역할을 하는 곳으로, 당내 기반이 거의 없던 후진타오가 자신의 정치적 영향력을 확대하는 데 주요한 수단으로 활용되었으며, 이 단체의 주요 간부로 재직했던 인사들이 후진타오의 정치적 성장과 함께 발전했다.

2) 상하이방上海幇

장쩌민의 국가 주석 부임 후 상하이 시절 함께 일했던 인물들이 대거 상경하였는데 이들을 중요 요직에 앉힌 것을 상하이방으로 불렀다. 상하이방의 대표적인 인물은 전 국무원 총리 주룽지, 전 중앙당교 교장 쩡칭훙 등이 대표적 인물이다.

이들은 장쩌민이 국가 주석과 중앙군사위 주석에서 사임한 뒤 급격히 그 힘이 쇠퇴하였지만, 아직도 중국 공산당 주요 요직에 배치되어 있으며 상당한 세력을 가지고 있다.

장쩌민의 최측근이었던 쩡칭훙은 공청단 출신의 후진타오에게 국가 주석을 내놓으라며 정면 도전을 하기도 하였고, 장쩌민이 중심이 된 상하이방이 태자당과 손을 잡고 시진핑을 차기 후계자로 지명한 것도 이들의 파워를 보여주는 일면이라고 할 수 있겠다.

3) 산시방陝西幇

시진핑 정권을 잡은 후 중국 정계와 군부에 산시성과 관련 있는 정치인들이 약진하고 있는데 이들을 산시방이라고 한다. 산시방은 마오쩌둥毛澤東 시대의 후난湖南·후베이湖北, 덩샤오핑鄧小平 시대의 쓰촨四川, 장쩌민江澤民·후진타오胡錦濤 시대의 장쑤江蘇·산둥山東을 잇는 지역 인맥이다.

현재 산시방은 다수파로 정치국 상무위원 7명 중 3명 43%, 정치국원 25명 중 8명 32%, 중앙군사위원 11명 중 4명 36%을 차지한다. 산시방의 대표적인 인물로는 시진핑 중국 국가주석, 자오러지趙樂際 중앙조직부장, 팡펑후이房峰輝 총참모장, 장요샤張又俠 총장비부장, 장바오원張寶文 전국인대 부위원장 등은 모두 고향이 산시성이다. 왕치산 정치국 상무위원, 왕천王晨 전국인대 부위원장 겸 비서장은 베이징 지식청년 신분으로 산시에서 활동했다.

파벌을 잘 타면 출세하는 데 유리한 것은 사실이지만, 능력주의를 내세우는 중국 공산당이니만큼 주변의 신망을 얻고 당의 원로들의 눈에 들 만큼의 본인의 국정 운영 능력은 증명을 해야 한다. 이는 대개 시장이나 성장처럼 국가 하부의 행정직이나 중앙 부처의 직함을 역임하면서 쌓은 실적으로 평가받는다. 시진핑도 저장성과 푸젠성을 거쳤다.

중국의 파벌은 다른 나라에도 존재하는 것으로 우리나라도 한때 동교동계 DJ계, 상도동계 YS계가 존재하고 있다. 중국의 파벌들은 확실한 보스 아래 위계질서를 갖추고 일사불란하게 움직이는 게 아니고, 비슷한 출신 배경 아래 오랜 기간 같이 공직 생활을 하면서 자연스레 형성되었기에 인맥으로 보는 견해도 있다.

04

시대를 반영하는
중국인의 이름

　중국 공안부 호정戶政관리연구센터가 최근 발표한 바에 따르면 중국의 5대 성은 2019년을 기준으로 왕씨→이李씨→장張씨→유劉씨→진陳씨로 나타났다. 그리고 중국 14억 인구 중에서 왕씨 성을 가진 사람의 수가 1억 150만 명으로 8%를 차지한다고 밝혔다. 중국의 왕씨는 우리나라로 따지면 김이박씨와 같이 많다.

　중국의 왕씨는 베이징과 허베이河北성, 산둥山東성, 허난河南성 등 무려 16개 성·시에서 1위를 차지했다. 이씨는 후베이湖北성과 후난湖南성, 쓰촨四川성 등 5개 성에서 1위를 기록했다.

　상하이에선 장씨가 가장 많았으며 장시江西성에선 유씨, 저장浙江성과 광둥廣東성에선 진씨가 최다였다. 중국에서 가장 흔한 성명은 장우이張偉로 나타났다. 모두 29만 4282명이 성과 이름 모두 같았다. 다음은 28만 7101명을 기록한 왕우이王偉였다. 이는 위대해지고 싶은 중국인의 바람이 담긴 것으로 보인다. 리우이李偉, 와류우이劉偉도 각각 26

만 6037명과 23만 7853명으로 가장 자주 쓰는 성명 5위와 9위에 랭크 됐다.

중국에서는 이름을 지을 때 한자의 뜻을 매우 중요시 한다. 그래서 중국인들은 자녀의 이름을 지을 때, 한자 사전을 놓고 자녀가 나중에 커서 해주었으면 좋겠다는 역할을 이름으로 짓는 경우가 많다. 따라서 중국인들의 이름은 부모의 가치관, 인생관, 관심사, 시대관을 엿볼 수 있다.

현재 중국 노인들의 이름에는 시대 상황이 반영된 이름이 많다. 특히 공산당이 정부를 세운 1949년에 태어난 사람들 중에는 중국 정부의 탄생을 의미하는 궈國자를 이름의 마지막 글자로 사용한 경우가 많다. 예를 들어 젠궈建國, 리궈立國, 궈청國成, 신궈新國, 아이궈愛國, 싱궈興國 등의 이름을 가진 남자가 많다. 이는 나라를 세우고 사랑하고 흥하게 한다는 의미를 가지고 있다.

한국 전쟁이 발발한 1950년 이후에 태어난 여자아이들은 미국과의 전쟁을 염두에 두고 미국의 메이美자를 이름의 마지막 글자로 사용한 경우가 많다. 예를 들어 성메이勝美, 캉메이抗美, 커메이克美 등의 이름을 가진 여자들이 그렇다. 이는 미국에 이기고 저항하고 극복한다는 의미를 가지고 있다.

중국은 매년 홍수가 많이 나는 나라인 만큼 물과 관련한 이름도 많다. 수이성水生(물에서 태어나다), 캉훙抗洪(홍수에 저항하다), 구디固堤(제방을 튼튼히 하다), 수이푸水福(물에서 태어났으나 복을 누린다) 등의 이름이 대표적으로 꼽힌다.

현재 중국에서는 자녀 이름을 지을 때 시대적인 의미보다는 부르기 쉽고 친근감이 가는 이름으로 짓는 경우가 많다. 중국인들이 이름에 가장 자주 쓰이는 글자는 영英→화華→문文→옥玉→수秀로 아름다움을 추구하는 중국인의 마음을 드러내고 있다. 2019년 태어난 아이 이름에 가장 많이 쓰인 한자는 남자아이의 이름으로는 호우浩宇가 가장 많아 크게 뻗어 나가길 바라는 부모의 마음을 담았고, 여아의 경우엔 일낙一諾이 제일 많이 사용됐다. 중국에선 90년대 이후 출생한 아이의 경우 이름에 일一자를 많이 사용하고 있다.

05

인치가

우선되는 나라

흔히 중국에서는 되는 일도 없고 안 되는 일도 없다고 한다. 아는 중국이 법으로 모든 것을 해결하는 법치法治보다는 인간관계로 모든 것이 좌지우지되는 인치人治가 우선하기 때문이다.

중국에서 인치가 등장하게 된 것은 중국 공산당의 정치권력은 초법적 혹은 탈법적으로 행사되었다. 중국의 정치권력은 소수에 의해서 헌법이나 법률에 의거해서 합법적으로 행사되는 것이 아니라 특정인 또는 특정 집단의 이해관계에 따라 행사되어 왔다. 이처럼 인치는 정치 상황, 파벌 대립의 양태 등에 따라 특정인 한 사람에 의해 전개되기도 하고, 어떤 경우에는 집단지도체제에 의해서 법치가 무시되어 왔다.

그래서 중국에서는 사회 모든 부문에서 민초들의 인권보다는 지배층의 이익이 우선이 되고 있으며, 법을 어기지도 않은 인재들을 매장시키는 최고지도부의 인치도 문제다. 실제로 2006년 9월 천량위 상하이시 당서기가 32억 위안에 이르는 막대한 사회보장기금을 유용한 비리를 저질러 직위를 해제시켰다. 하지만 베이징 정가 주변에서는 천 전 서기가 상부의 경제정책에 사사건건 반발해 미운 털이 박혔다는 소문 이 무성했다.

법치보다 인치가 우선하는 데는 중국인들의 기질에 관시關係가 일 반화되어 있다는 점도 원인으로 꼽힌다. 무슨 일이 터지면 법으로 해결 하기보다는 문제와 관련된 힘 있는 사람을 찾아 해결하려는 습성이 여 전하기 때문에 법치의 중요성이 부각되지 않고 있는 것이다.

하지만 최근 들어서는 법치주의 국가로 가고자 하는 당정의 의지 도 상당히 강하다. 국회에 해당하는 전국인민대표대회는 정부의 각급 권력 기관에 대한 전인대의 감독 권한을 규정한 법률을 만들고 기업파 산법, 물권법 등 그동안 개념조차 모호했던 법률들을 적극적으로 제정 하고 있다.

2002년 말부터 시작된 통합 사법시험을 통해 서방 세계처럼 판사, 검사, 변호사 등을 법률 전공자들 중에서 선발하기 시작하였다. 2005 년에는 사회가 개혁개방을 표방하고 경제의 발달로 사회 전체의 구성 이 다양화됨에 따라 중국도 법치주의를 표명하고 법 체제를 정비하기 시작과 동시에 경제발전에 따른 관련 법률이 폭발적으로 쏟아져 나왔 다. 내용을 보면 중국 공안기관의 판단으로 행정구류를 15일 이내의 범 위에서 결정할 수 있으며, 성매매 처벌조항으로 판매자나 구매자 구별 없이 10일 이상 15일 이하의 구류에다 65만원 상당의 벌금을 병과 처 분할 수 있으며, 인터넷이나 무선통신으로 바이러스를 유포하거나 장 난으로 해킹 행위를 하면 5일 이하의 구류에 처할 수 있도록 하였다.

그럼에도 불구하고 중국이 궁극적으로 지향하는 법치주의는 아직 갈 길이 멀다. 무엇보다 최고지도자의 의중과 결정이 가지는 영향력이 여전히 막강하다. 더구나 이는 사회주의 국가라는 특수성 때문에 개선될 가능성도 별로 높지 않다는 것이 문제다.

06

중국의 인터넷

중국은 개혁개방 정책의 일환으로 1994년 시장경제체제가 도입됐다. 해외자본이 유치되며 인터넷을 통해 인민 간의 정보공유도 활발해졌다. 이에 중국 국방부는 공산체제를 위태롭게 할 수 있는 정보가 유포되는 것을 막고, 자국의 경제사회적 이익을 지켜야 했다. 그래서 중국은 표현의 자유보다 '인터넷 주권'이 우선시되며, 인터넷 공간을 철저히 국가의 통제 하에 두어야 한다는 방향성을 가지고, 1997년부터 허가되지 않은 해외인터넷 접속을 단속했다. 중국 국방부는 대방화벽(The Great Firewall)을 만들어 중국 내 정보 검열을 위해서 헌법 위반, 당 정책 비난, 여론 조작 등의 정보를 차단해 이용자의 접속을 막았다.

중국에서는 아직까지 공식적으로는 미국의 SNS인 트위터를 비롯해 페이스북, 유튜브 사용이 사실상 불가능하다. 그러나 중국의 단속에도 불구하고 표현의 자유를 추구하는 중국인들 사이에서는 음성적으로 소셜 네트워크 서비스(SNS)가 확산되었다. SNS는 기본적으로 PC와 스마트폰을 이용해 트위터나 페이스북 같은 미디어를 이용하는 것이다. 2009년 법 개정을 통해 "컴퓨터 정보 시스템을 불법적으로 통제하거나 방해하는 장비나 프로그램을 제공하는 자는 7년 이하의 징역에 처한다."고 하여 인터넷을 통제하기 시작하였다. 2010년 7월부터는 각종 SNS 사이트마저도 규제와 감시를 본격화하고 사용을 금지시켰다.

2011년 5월 천안문 사태 25주년을 앞두고 약 3억 5000명의 중국인이 이용하는 모바일 메신저 '위챗'을 압박하며 검열에 나섰다. 그리고 2014년 홍콩 민주화 시위 당시에는 홍콩에서 중국으로 전송되는 시위 관련 사진들을 모두 삭제됐으며, 웨이보의 검열 삭제율이 평소보다 5배 이상 높게 나타났다. 중국 정부는 SNS 검열에 그치지 않고 새로운 보안법까지 제정하면서 정보를 통제하고자 했다.

2014년 7월 중국 정부는 테러 정보가 유통될 수 있다는 이유로 카카오톡과 라인을 사전 통보 없이 차단했다. 그리고 구글, 페이스북, 트위터, 스카이프 등 해외 SNS서비스를 모두 차단했다. 이로 인하여 중국에서는 트위터는 중국판 트위터인 웨이보로 대체하여 서비스를 제공하고 있으며, 페이스북은 중국판 페이스북인 카이신 네트워크기 있으며, 메신저는 텅쉰이 운영하는 QQ메신저가 있다.

2015년 7월 제정된 '신인터넷보안법'에 따르면 개인 계정에서 게시한 정치적 문건을 삭제하도록 하였다. 2015년 11월에는 SNS에 허위 정보를 전달하면 형사적 책임을 추궁할 수 있는 규정까지 추가하고, 3년간 13,000개 이상의 웹사이트를 폐쇄했다.

중국 당국이 사용을 막고 있어 트위터, 페이스북, 유튜브 사용이 사실상 불가능하기 때문에 가상사설망(VPN; virtual private network)을 통해 중국의 차단막을 뚫고 SNS에 접근하는 중국인들이 많았다.

가상사설망은 공중 네트워크를 통해 한 회사나 몇몇 단체가 내용을 바깥 사람에게 드러내지 않고 통신할 목적으로 쓰이는 사설 통신망으로 중국에서는 그동안 사용이 제한된 유튜브, 트위터, 페이스북, 인스타그램, 구글, 지메일, 넷플릭스 같은 서비스를 VPN을 이용해서 공공연히 이용해 왔었다.

중국 정보는 중국인들의 가상사설망 사용을 통한 외부 세계와의 통신을 막기 위하여 2021년에 VPN가설사설망 단속을 위한 강화 규제안을 내놓았다.

규제안에는 "어떤 개인이나 단체도 국경을 넘는 데이터 안보 관문을 우회하거나 관통하기 위한 인터넷 접속·서버 구축·기술 지원·홍보·앱 다운로드·결제를 포함한 프로그램·장비·경로 혹은 서비스를 제공해서는 안 된다"고 적시했다.

그리고 이와 관련 위반 시에는 해당 서비스로 얻은 이익의 10배 이하나 최대 50만 위안약 9천245만원의 벌금을 물리며 사업면허를 박탈한다고 하였다. 그리고 청소년의 온라인 게임을 할 때 국가 차원의 신분 인증 제도도 실시하여 이용 시간 제한 등 관련 조치를 점진적으로 강화하겠다고 발표했다.

어플리케이션

07

중국의

부자들

중국인들은 돈을 벌거나 돈을 모으는 것에 대해서 다른 나라와 비교하여 유별나다. 중국은 대륙의 인구도 많은 만큼 소위 부호라고 일컬어지는 부자들의 수도 많다. 중국의 부자들은 중국 경제의 발전의 강력한 영향력과 함께 서로 밀접한 관계를 가진다. 그들은 자신의 두뇌로 국가, 사회에 많은 부를 창출하고 있다.

2020년 중국의 부자들 500명의 총자산을 합계해보면 10조 7000억 위안약 1800조 원이다. 이는 한국 정부 1년 예산512조 원의 3.5배다. 1인당 평균 자산으로 환산해보면 214억 위안이다. 중국 부호 500명 중 자산 가치가 100억 위안약 1조 7000억 원이 넘는 이른바 '백억부자百億富人'는 전체의 63%인 총 315명이다. 한국 돈으로 환산하면 '조만장자' 다. 이 중 1,000억 위안이 넘는 사람이 12명, 2,000억 위안이 넘는 사람은 3명이었다.

중국 부자들이 돈을 버는 주요 무대는 IT로 500대 부호 중 약 20%

인 96명이 TMT기술·미디어·통신 업계 종사자다. 부동산업은 61명 12.2%으로 전보다 줄었다.

중국의 부자들 중에서 가장 돈이 많은 사람은 농부산천农夫山泉의 창립자인 중샨샨钟睒睒 회장이고, 다음으로는 텐센트의 창립자 겸 회장인 마화텅马化腾, 3번째로는 마윈马云 알리바바 회장이다.

1) 중샨샨钟睒睒

중샨샨钟睒睒

중국 부호 순위 1위는 중국의 생수 업체인 농부산천农夫山泉의 창립 자인 중샨샨钟睒睒이다. 중샨샨은 1993년 양성당유한공사养生堂有限公司 를 설립하여 양성당 자라환养生堂龟鳖丸, 도이캡슐朵而胶囊 등의 브랜드 를 만들었다. 그리고 1996년 항저우에 투자를 하여 농부산천 주식회사 를 설립하여 농부산천, 농부과수원 등 중국에서 유명한 음료 브랜드를 만들면서 단기간에 큰 부를 축적하였다. 이처럼 재산이 빠르게 불어난 경우는 매우 이례적이며 사람들은 그를 '역사상 가장 빠르게 부를 축적한 사례 중 하나'라고 부른다. 그리하여 중샨샨 회장은 592억 달러의 자산을 보유하여 중국 내 부자 순위 1위에 올랐다.

2) 마화텅马华腾

마화텅马华腾은 텐센트의 창립자 겸 회장으로 잘 알려져 있다. 1998년 텐센트를 창립하였고, 1999년 세계적으로 유명한 메신저인 QQ와 위챗을 개발하며 IT업계에서 큰 반향을 일으켰다. 그 이후 텐센트는 유통·마케팅 능력을 바탕으로 중국에서 가장 큰 게임 유통사로 발전했다. 타임, 포브스 등 세계적인 경제지에서 영향력 있는 중국 인사로 다뤄지고 있는 그는 571억 달러의 재산을 보유하여 중국 내 부자 순위 2위에 올랐다.

3) 마윈马云

마윈马云은 중국 최대 전자상거래 업체인 알리바바의 회장이다. 마윈은 원래 영어 강사 일을 하던 평범한 직장인이었다. 마윈은 직장을 그만두고 알리바바를 설립한 후 한국에도 잘 알려져 있는 타오바오와 온라인 결제 시스템 알리페이 등을 연이어 성공시키며 오늘날의 알리바바를 세계적인 기업으로 발전시켰다. 마윈은 508억 달러를 보유함으로써 중국 부호 3위를 차지하고 있다.

마윈马云

　중국의 부자들은 저축에 집착하지 않으며, 돈을 잘 쓸 줄도 안다. 그래서 중국의 부자들 중에는 마치 모아 놓은 돈을 죽기 전에 다 쓰기로 작정한 것처럼 쓰는 사람도 많다. 중국 부자들의 돈 쓰는 스케일은 상상을 초월한다.

　중국에는 최소 1억위안 170억 원 이상의 자산을 보유한 중국의 부유층만 10만 명에 이른다. 이들은 평균 나이 43세로 보통 2~3대의 자가용, 3~4개의 고급 손목시계 등을 기본적으로 가지고 있다. 또 보석 수집 등이 취미인 경우가 많고 옷은 아르마니 양복을 선호한다.

　돈 많기로 유명한 저장성 원저우 사업가들 사이에 자가용 비행기 사재기 경쟁이 붙어 저장성 안에서만 1년에 대략 200대의 자가용 비행기가 팔린다는 것이 정설이다. 자가용 비행기 못지않게 졸부들의 로망인 요트도 불티나게 팔리고 있다. 전통적으로 부유층이 많은 광둥성 선전의 부자들 중 5,000명 전후의 부자들이 개인 요트를 보유하고 있는 것으로 추산되고 있다.

졸부들은 해외 토픽에서나 볼 만한 기행을 일삼기도 한다. 대표적으로 결혼식에 최고급 윈난성 장미 9만9999송이를 비행기로 공수했다거나 독일 명차인 BMW 22대를 한꺼번에 구입하기도 하였다. 마카오의 카지노에서 무려 15억위안 2565억원을 잃은 졸부도 있었다.

이처럼 엄청난 돈을 아무렇지도 않게 펑펑 쓰는 족속이라는 뜻의 후이진쭈도 중국 부자들이 어느 정도 통큰 소비를 하는지를 말해 준다.

현재 대륙에서 하루에 1달러 이하로 연명하는 중국인은 4,500만명이나 된다. 또한 중국의 6억~7억 명은 농부로서 하루에 한두 푼이라도 아끼지 않으면 안 되는 빈곤 계층이다. 그럼에도 한쪽에서는 하루 24시간이 부족한 듯 마구 돈을 뿌리고 있다. 이로 인해 중국은 개혁 개방의 결과 빈부의 격차가 엄청나며, 이것이 중국의 발전을 가로 막는 걸림돌로 등장하고 있다.

제7장

중국인의
가치관

01

관시
문화

'관시關係'는 중국에서의 비즈니스를 이야기할 때 머릿속에 가장 먼저 떠오르는 단어다. 사전적 의미를 보면 관시는 '관關'자의 '닫다'와 '시係' 자의 '이어 맺다'의 두 의미가 합쳐진 단어다. 즉, 일정한 테두리 안에서 서로가 연결돼 일종의 원원 관계로 발전한 인적 네트워크로 중국인 특유의 끈끈한 인간관계를 말한다.

비즈니스 세계에서 관시가 중요하지 않은 나라는 없다. 그런데도 왜 유독 중국에서만 관시가 강조되는 것은 중국의 복잡하고 오랜 역사 덕분이다. 중국의 관시는 아주 오래전부터 형성되어 왔다.

중국은 지리적으로 넓고 인구도 많아서, 법과 제도만으로 나라를 다스린다는 것은 한계가 있었다. 그래서 역사적으로 왕조시대에 황제에게 충성하는 신하의 관계도 관시의 일종이었다고 말할 수 있다. 중국은 봉건제와 군현제를 거치면서 자기에서 충성하는 사람들을 자기 사람으로 분류하고 우대하는 전통이 생겨나면서, 관시의 역할과 중요성은 생존의 중요한 수단으로까지 여겨져 왔다.

백성들 입장에서는 수많은 전쟁을 거치면서 살아남기 위하여 수많은 영웅들과 좋은 관시를 가져야 했다. 따라서 관시는 난세를 살아내기 위한 중국인들의 부득이한 몸부림이라고 할 수 있다.

중국은 1949년 신중국의 성립 이후, 사회주의를 표방하고 공산당 체제를 구축하는 과정에서 업무처리, 교육, 직장배치, 공무원 담임, 자원의 배분 등 모든 분야에서 관시는 중요한 역할을 담당했다. 요즘은 중국이 투명해져서 나아졌다고는 하지만, 중국에서 관시가 없으면 아주 사소한 일도 처리하기 어려운 게 현실이다.

중국 사회에서 관시 없이는 되는 일이 거의 없다고 봐야 한다. 이는 눈앞에 기회가 왔을 때 신속하게 잡아 활용하려는 중국인들의 속성에 뿌리를 두고 있기 때문이다. 중국인들이 즐겨 쓰는 표현으로 '뒷문으로 간다走後門'는 말이 있는데, 뒷문으로라도 문제를 해결하고 마는 마지막 열쇠가 바로 관시인 것이다.

중국의 관시의 특징은 금방 맺어지기도 하지만, 몇 대에 걸쳐 오랜 기간 유지되기도 하고, 정치와 경제를 막론하고 중국에 폭넓게 퍼져있는 거대한 네트워크이기도 하다. 중국인 특유의 이 관시 문화는 중국인 사회에는 어디든 존재한다. 중국 대륙뿐 아니라 홍콩과 타이완에도 존재하고 싱가포르를 비롯한 동남아의 화교 사회나 미국과 유럽의 화교 사회에도 마찬가지다.

중국인 특유의 지역적 배타성은 굉장히 심하다. 성省과 성이 경쟁하는 것은 물론 이웃 시市끼리도 라이벌 관계를 형성하기도 하고 개인 간에도 넘지 못할 선을 그어놓은 채 경계심을 품는다. 따라서 이러한 경계심을 뚫는 것이 바로 관시다. 처음에 만나면 친해지기가 어렵지만 한번 친해지면 언제 그랬느냐는 듯이 서로 우리 사람이 된다. 이때부터는 완전히 한 식구가 되어 돈도 빌려주고 가족처럼 도움을 준다.

　중국들과 관시를 맺기 위한 가장 기본은 중국인에게 성실하고 정직하게 대하고, 상대에 대한 배려를 충분히 해야 한다. 그리고 자주 만나는 것이다. 자주 만나서 친분을 쌓아가고 공통의 비전을 만들 때 비로소 관시가 형성된다. 그래도 관시가 형성되지 않으면 적당히 현금 거래를 하는 것도 관시를 형성하는 방법이다. 그러나 상대방이 젊거나 출세욕이 강한 관리라면 신중해야 한다. 고급 관리일수록 자기 관리를 철저하게 하기 때문이다. 특히 엄청난 경제성장으로 부자인 관리들에게는 어중간한 뇌물은 통하지 않는다.

　관시 쌓기는 돈과 오랜 시간이 요구되는 일종의 투자다. 따라서 너무 서둘러서도 안 되고, 지속적인 만남을 통해서 친해지는 것이 가장 좋은 방법이다.

중국인의 상징적인 모습

02

만만디慢慢地

예전에 중국인의 특징을 잘 나타낸 만만디慢慢地라는 단어가 있었다. 느긋하고 여유 있는 중국인들의 삶의 태도를 표현한 것이다. 중국인들의 만만디 정신 때문에 모든 것이 늦어진다는 것을 알고 사업을 하거나 교류를 할 때 느긋하게 기다려야 했다. 한국에서 하루나 이틀이면 끝낼 계약을 중국은 1주일에서 2주일 끌기도 하였다. 이처럼 중국을 한국과 비교했을 때 확실히 일처리가 더디게 느껴지는 것은 한국인들의 특유의 '빨리빨리' 라는 성격 때문에 더욱 그렇게 느껴진 것이다.

그러나 중국에서 개혁개방정책과 대약진 운동을 통해서 급격하게 산업화가 되다 보니 중국인들 사에는 어느새 '빨리빨리' 문화가 정착되었다.

선전시는 '시간은 금이다, 효율은 생명이다' 라는 모티브를 가지고 빠르게 발전하는 도시 중 하나로 '선전의 속도' 라는 말을 탄생시키기도 했고 빠른 발전을 기반으로 국제적인 도시로 거듭났다.

쑤저우는 중국 국가역사문화 도시 및 관광도시이자 첨단기술산업 도시로 많은 투자자들에게 인기를 끌고 있으며 전국에서 온 근로자들이 성과급 형태의 월급을 지급받으면서 발 빠르게 움직이고 있다고 소개했다. 또한 홍콩은 '바쁨'을 상징하는 대표적인 도시로 저녁 늦게까지 길거리에 줄어들지 않는 사람, 오전 6시부터 새벽 1시까지 운행되는 지하철 등을 예로 들며 바쁜 중국인들을 묘사했다.

이러한 변화로 인하여 중국인들의 일상생활을 들여다보면 '만만디'와는 어울리지 않는 모습을 많이 발견할 수 있다. 예를 들어 식당에서 음식을 기다릴 때 "음식 빨리 안 나와요?"를 연신 외치기도 하고 음식 배달원과 통화해 "어디쯤이냐?", "서둘러라" 등을 외치기도 한다.

또한 중국 정부에서 추진하는 사업은 만만디라는 말이 무색하게 사업이 엄청 빠르게 진행되고 있다. 이로 인해서 중국의 인프라 건설속도는 세계 최고수준으로 고속도로와 고속철도 길이는 이미 세계 최장을 달리고 있으며, 고속철도의 속도는 더욱 빨라지고 있다. 하루만에 아파트를 건축하고. 거기에 100층이 넘는 마천루도 단지 몇 개월 만에 지어내 세계 최고를 경신하고 있다. 이제 중국에서는 최장, 최고, 최초라는 부분에서는 만만디라는 말이 무색할 정도가 되었다.

중국의 이러한 '빨리빨리' 현상은 중국을 급속하게 발전시켰으나 병폐도 만만치 않다. 중국의 '빨리빨리'로 인식되는 날림공사가 많아 건물이나 교량이 무너져 많은 인명피해가 발생하기도 하고, 일상에서도 운전사들이 목적지에 좀 더 빨리 가기 위하여 행인을 배려하지 않는 운전을 하고, 새치기 운전이 일상이 되었다.

03

배금주의

중국인들의 배금주의拜金主義는 세계적으로 유명하다. 배금주의는 금전주의 또는 황금만능주의 혹은 물질만능주의는 모든 관계를 돈과 연관시켜 생각하려는 행위이며, 또는 삶에 있어 최상의 가치를 돈이라고 믿는 행위를 말한다. 중국인들은 모든 것에 앞서 돈을 가장 중요시하는 의식이 매우 강하다.

중국의 고대 속담에 '천금지자 불사어시千金之子不死於市'라는 말이 있다. "천금을 가진 부자의 아들은 거리에서 죽지 않는다."라는 의미다. 한국말로 하면 '유전무죄 무전유죄'와 비슷하다고 할 수 있다. 이러한 중국의 고대 속담은 현재의 중국에서도 통용되고 있다. 실제로 중국에서는 범죄를 저질러서 유죄 판결을 받았어도 돈을 써서 슬그머니 감형을 받는 경우가 많다고 한다. 물론 이러한 경우는 부모나 가까운 친척이 상당한 재력이 있어 사법 당국에 직접적으로 영향력을 행사할 수 있어야 한다.

이러한 영향력으로 인해 중국인들은 모든 것에 앞서 돈을 가장 중시하는 풍조는 행동이나 습성에서도 여지없이 드러난다. 중국인들의 배금주의는 그들이 쓰는 일상 언어에서 두드러지게 나타난다. 예컨대 군인이나 공무원들이 입에 올리고 다니는 "인민을 위해 근무한다."는 구호는 요즘 "인민폐를 위해 복무한다."는 말로 슬그머니 바뀌었다고 한다.

중국인의 돈에 대한 의식은 금전거래를 할 때 반드시 상대방의 면전에서 돈을 몇 번씩이나 세어본다거나 다른 사람에게 절대로 지갑을 보여주지 않는 한국인들에게서는 보기 힘든 전통적 습성을 보여준다.

중국인들은 예전에도 그랬지만, 사회 전반의 개혁, 개방 가속화와 맞물리고부터는 하루아침에 부자가 되는 것을 자주 목격함으로 인해서 더욱 배금주의 사상은 일반화되었다. 그래서 중국인들은 누구나 자고 나면 벼락부자가 되고 싶은 소망을 가지고 있다.

중국의 화폐

중국에서는 하루아침에 재벌이 된 사람들이 많다. 특히 정치 권력을 등에 업은 부정부패로 인하여 재벌이 되고, 부동산 사업을 통해서 엄청난 부를 움켜쥐는 졸부 신귀족은 전국 곳곳에 지천으로 널려 있다. 특히 스포츠, 연예, IT쪽에서 하루아침에 벼락부자가 된 사례가 많다. 이 때문에 최근 중국 청소년 중 상당수가 장래희망을 스포츠, 연예계 스타, IT 기업인으로 꼽고 있다.

중국인들의 배금주의는 역사적인 필연성에 의한 것으로 본다. 중국은 수천 년을 내려오는 동안 전쟁이나 사회 개혁이 셀 수 없이 많았기에 빨리 몸을 피해야 하고 어떻게든 먹고는 살아야 하니 현금을 모아두려는 집착에서 보는 견해가 있다. 이처럼 돈을 좋아하고 목숨을 걸고 모으는 습성 높은 저축률을 가져와 중국경제 발전에 적잖은 도움이 되었다. 그리고 돈을 모으기 위한 상술은 세계에서 최고의 상술을 가진 유대인을 능가할 지경이다.

중국인이 좋아하는
숫자

중국인들이 미신에 집착하는 숫자에 대해서도 엿보인다. 그래서 중국인들숫자 중에서 8을 가장 좋아하고, 다음은 6을, 그리고 9를 좋아한다. 그리고 중국인은 숫자 4와 7을 싫어한다.

일반적으로 중국인들은 홀수를 싫어하고 짝수를 좋아한다. 때문에 결혼 등의 잔치에 부조금이나 선물을 보낼 때는 항상 짝수로 해야 한다. 1, 3, 5가 들어가는 부조금이나 선물은 피해야 한다. 그래서 중국은 미신 때문에 홍빠오红包, 축의금, 세뱃돈'를 주고받을 때 애용되는 금액도 6, 8, 9위안이나 66, 88, 99위안을 넣어서 준다.

1) 8

중국인들이 가장 좋아하는 숫자는 바로 8八(bā)은 발음이 돈을 많이 번다는 의미를 가진 '发(fā, 필 발)'의 파 발음과 비슷하기 때문이다. 우리도 개업 화분에 '축 발전发展'을 써서 보내는데 이때의 '발' 자가 '发'이고 해당 한자의 발음이 숫자 '8'과 유사하다.

중국인들의 숫자 8에 대한 선호는 다른 나라 사람들이 좋아하는 7과는 비교가 되지 않을 것이다. 그래서 중국에서는 8자가 많이 들어가는 전화번호나 자동차의 번호는 엄청난 프리미엄이 붙어 거래된다. 그런 의미에서 숫자 '8' 두 개가 나란히 누워있는 아우디 자동차 로고도 중국인들이 참 좋아하여 중국에서는 아우디가 잘 팔린다.

중국인이 좋아하는 아우디

중국인들이 8자를 좋아하는 심리를 이용하여 백화점의 고급상품들은 8,888위안이나 8만8,888위안 등으로 가격이 적어 놓는 경우가 많다. 중국의 부자들은 8자가 들어가면 가격이 얼마인지 따지지 않고 물건을 구입하는 경향이 있다.

중국인들이 8을 좋아한다는 사실은 2,008년 베이징올림픽에서도 여실히 드러났다. 개회식을 8월 8일 오후 8시 8분에 열고, 폐회식도 오후 8시에 거행했다. 2010년 광저우 아시안게임 개회식도 오후 8시에 열렸다.

8에 대한 중국인들의 집착은 멀쩡한 산 이름도 바꿔 버렸다. 실제로 베이징의 대표적인 산 중 하나인 룽산을 바바오산八寶山으로 바꾸어 부르고 있다. 바바오산八寶山 산은 현재 화장터 겸 묘지로 사용되어 중국인들에게 인기가 있는 묘지로 알려져 있다.

중국인들의 숫자 8 선호 경향은 한국의 기업에도 영향을 미쳤다. 중국인들을 상대로 영업을 할 때는 무조건 8을 넣어서 이름을 짓는 경우가 많다. 예전에 아시아나 항공에서 전용기의 편명을 8989나 8988로 명명하여 중국인의 관심을 산적이 있다.

2) 6

6은 중국인들이 두 번째로 좋아하는 숫자다. 숫자 '6六(liù)'은 모든 것이 잘 풀려나간다는 뜻을 가진 '流(흐를 류, liú)'와 발음은 같고 성조만 다르다. 66이라는 숫자는 모든 것이 두 배로 잘 풀려나간다는 것을 의미하므로 더욱 좋아한다. 그리고 "와 좋다.", "대박~" 이럴 때 채팅창에 6666666666666 라고 쓰기도 한다. 그리고 우리의 칠순, 팔순 잔치처럼 중국인들이 가장 성대하게 생신을 축하해 드리는 해는 길함 의 숫자인 '6' 이 두 번 들어가 있는 '66세를 맞는 해' 라고 한다.

3) 9

다음으로 중국인이 좋아하는 세 번째 숫자는 9다. '9九(jiǔ)'는 발음이 길다거나 장수한다는 의미를 가진 '久(jiǔ, 오랠 구)'와 발음이 같다. 따라서 해마다 9월 9일에는 젊은 청춘남녀들의 결혼식이 많이 거행된다. 9월 9일에 결혼했으니 오랫동안 해로할 것이라는 희망이 깃들어 있다고 보면 된다.

4) 4

중국인들은 4는 짝수이기는 해도 가장 증오하는 숫자다. 4四(si)는 '죽을 사死'와 발음이 같고 성조만 다르다고 해서 선호하지 않는다.

자동차 번호판

우리나라와 마찬가지로 중국의 병원도 4층 대신 F층으로 기재해둔 곳이 많으며, 고층빌딩과 아파트에는 4층과 13층, 14층, 24층이 없는 경우가 허다하다. 그래서 공식적으로는 30층인 고층아파트가 사실은 26층인 경우가 많은 것은 바로 이 때문이다.

5) 7

7七(qi)은 '气(qi, 화나다)'와 발음이 같아 화가 나는 생기生气를 의미한다. 우리에게는 행운의 숫자가 중국으로 가면 화나는 숫자가 된다. 그리고 일부 지방 사람들은 고인이 된 사람에 대한 제사를 7일 주기로 7회 지낸다는 사실 때문에 싫어하기도 한다. 이들은 7일 행운과 연관된

것이 아니라 죽음과 연관돼 있다고 보는 것이다.

6) 3

3三은 대표적으로 불길한 숫자로 여겨진다. 우선 홀수인 데다 발음이 흩어진다는 의미의 '싼散'과 비슷하다. 게다가 중국에서는 나쁜 단어에는 항상 3이 들어간다. 예컨대 부부나 연인 사이에 끼어들어 삼각관계를 만드는 사람은 안 좋은 의미에서 '디싼저第三者'라고 불린다. 또 소매치기는 싼즈서우三只手'라고 불리고 마음을 다잡지 못한 채 딴 마음을 품는 것은 '싼신얼이三心二意'로 표현된다.

05

중국인이 좋아하는

색깔

중국인들은 색깔에 대단히 민감해서 좋아하는 색과 싫어하는 색이 극단적으로 갈린다. 그래서 중국에서 비즈니스나 인간관계를 성공하기 위해서는 중국인들이 좋아하거나 싫어하는 색을 언제나 잊지 말아야 한다.

중국인들이 가장 좋아하는 색깔은 붉은색, 황색, 파란색색이다. 이 색깔들은 행운을 불러오고 액운을 쫓는 색으로 여기면서 극도로 좋아한다. 반면에 가장 싫어하는 색깔은 흰색, 검은색, 녹색이다.

1) 붉은색

붉은색은 길조의 의미를 가지고 있으며 번창하다, 인기가 있다라는 의미를 가지고 있어 오늘날 중국인들이 어떤 색보다 좋아하는 행운의 색깔이다. 중국의 모든 곳엔 빨간색이 빠지지 않으며 중국 사람들에게 좋아하는 색을 고르라면 열에 여덟아홉은 붉은 계열의 색을 고른다. 그래서 오성홍기는 물론 중국의 웹사이트, 간판, 거리의 표지판 등 중국은 온통 붉은 색으로 가득 차있다고 해도 과언이 아니다. 결혼할 때 식장을 온통 빨간색으로 꾸미고, 신부는 빨간색 치파오旗袍를 입으며, 축의금 봉투를 사용한다. 그리고 빨간색 겨울용 상하 내복 팬티 양말 등을 선물하는 것은 춘제의 전통이 되었고, 뇌물도 훙바오紅包라 불리는 붉은 봉투에 넣어 주는 경우가 많다. 심지어는 연말이나 춘제 등 명절에 터뜨리는 폭죽조차 빨간색이 많다.

문자로도 빨간색을 많이 사용한다. 장사해서 남는 이익은 훙리紅利, 어느 단체나 기관에서 중책을 맡은 인물을 훙런紅人, 인기 스타를 훙싱紅星으로 부른다. 연예인들이 인기를 끄는 것을 저우훙走紅이라고 한다.

기업들도 당연히 붉은색을 좋아해서 매년 발표되는 100대 기업 중에서 이미지 통일CI을 상징하는 로고의 색깔이 붉은 곳이 40개 이상이다.

중국의 간판

2) 황색

황색은 노란색이라고도 하며, 황제의 색으로 인식되어서 중국의 자금성에는 황색을 많이 사용하여 최고 권력자의 색이라는 것을 나타내고 있다. 황제들이 입었던 예복은 황포黃袍(huángpáo)라고 부른다. 그래서 왕조시대에는 황색은 황제만 사용하는 색이기 때문에 일반인들에게는 황색의 사용을 금지하기도 하였다.

그러나 최근에는 황색을 선정적이고 음란한 색으로 인식해서 에로영화나 포르노 영화를 황색 영화라 하고, 야한 에로 소설을 황색소설이라 불러 황생의 이미지가 많이 퇴색하였다.

천안문

3) 파란색

파란색도 건강에 좋은 옥이 이 색깔을 띠므로 중국인들은 선호한다. 그래서 중국의 기업들은 파란색을 로고로 채택하는 경향이 많다. 그래서 그런지 중국 100대 기업의 로고 중 40개가 파란색이다.

파란색 용

4) 흰색

흰색에 대한 혐오는 상상을 초월하여 결혼축의금이나 뇌물을 흰색 봉투에 넣어 건네는 일이 없다. 실수로라도 백색봉투에 담아서 선물을 주면 인간관계가 파탄날 수 있다. 중국인들이 흰색을 싫어하여 과거 장제스가 이끄는 정권을 백색 정권이라고 하거나, 마약을 백색 가루라고 부른다.

양귀비

5) 검은색

중국인들은 검은색을 유난히 싫어한다. 그래서 중국인들은 평소에는 검은 옷을 것의 입지 않으며, 세상을 떠난 사람에게 입히는 수의도 검은색으로는 하지 않는다. 은색 수의를 입히면 죽은 후 다시 당나귀로 환생한다고 믿기 때문이다.

검은색에 대한 혐오는 부정적 의미를 가진 단어들에서도 나타나는데, 사는 범죄인이나 호적에 오르지 못한 사람을 일컫는 헤이런黑人과 수전노를 뜻하는 헤이옌피黑眼皮 등이 있다.

6) 녹색

당나라 때부터 하급 관리나 천민들이 대체로 녹색 옷을 입었기에 중국인들은 녹색에 대하여 싫어한다. 그래서 바람난 부인을 둔 남편을 일컬을 때 흔히 사용하는 다이뤼마오쯔戴綠帽子(녹색 모자를 썼다)라는 뒷골목의 유행어를 사용하기도 한다.

06

중국인의
호기심

사람은 정도의 차이는 있지만 대체로 호기심이 엄청나게 많다. 인류가 오늘날 이 정도로까지 눈부시게 발전한 것은 순전히 그 호기심 덕분이라고 해도 크게 틀리지 않다.

중국인들의 호기심이 세계 평균을 훨씬 웃돈다는 것은 주변에서 큰 싸움이나 교통사고 같은 볼거리가 발생하면 구름처럼 몰려들어 구경하기를 너무나 좋아하는 습성을 보면 확실히 알 수 있다.

그러나 적극적으로 개입해 상황을 해결하려고 절대 하지 않는다. 자신에게 불이익이 돌아온다는 생각이 들면 모르는 척하는 게 일상화돼 있다. 일부 양식 있는 중국인들은 스스로를 일컬어 '불의는 참고 불이익은 참지 않는 민족'이라고 한다.

불의를 참지 않고 불이익을 감수하는 것은 권장해야 할 덕목이기에 중국도 기본적으로 이런 덕목을 학교에서 열심히 가르치고 있다. 당의 헌법이라고 할 당장黨章에 당과 인민을 위해 자신을 희생할 것을 확실하게 명시하고 있으며, 입당 선서에도 이 대목은 빠지지 않고 들어간다.

중국이 고수하고 있는 사회주의 이념에서 자기 자신의 이익보다는 이타적 행동을 발흥시켜 인류의 공영에 기여해야 한다는 것이 기본 원칙이다. 한마디로 중국은 모든 국민이 바른생활 교과서형 인간이 돼야 할 교육을 철저히 받고 있는 것이다.

그러나 현재도 중국에서 일어나는 크고 작은 사건, 사고들은 학교에서 배운 이타적인 교육이나 사회주의 이념은 아무 효과가 없다.

중국에서는 매년 여름 장마철마다 수없이 많은 익사 사고가 일어난다. 누군가가 도움의 손길을 내밀었다면 충분히 살릴 수 있는데도 해마다 많은 사람이 죽어간다.

교과서에서는 의사를 극찬하고 마땅히 인간이 해야 할 도리로 가르치고 있으나 현실로 나타나는 일은 아주 드물다. 홍수에 떠내려가는 사람을 두 눈 멀쩡히 뜬 채 구경하면서 '왜 저 사람은 수영을 해서 뭍으로 나오지 않나?'라는 말을 무덤덤하게 하는 사람들이 중국인들이다. 익사 직전의 위기에 처한 사람을 구하기 위해 뛰어드는 사람은 바보 취급을 받는다.

제8장

중국의
소수민족

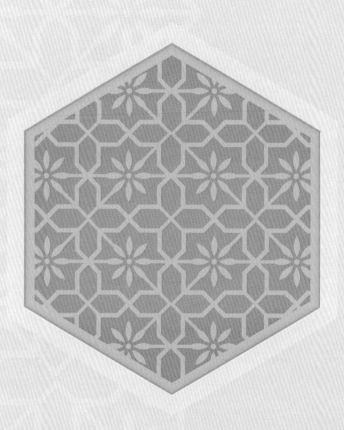

01

소수민족

분류

    중국은 한족이 대다수인 다민족국가多民族國家이다. 중국에서 소수 민족이란 한족漢族에 비해 인구 수가 적은 한족 이외의 민족을 가리킨다. 중국은 1949년 정부를 수립한 이래로 한족과 소수 민족을 따로 구분하여 인구 조사를 하였다. 소수 민족들은 한족 주거 지역의 변방에 흩어져 살고 있다. 중국 정부는 소수 민족들이 다른 나라에 병합되거나 독립하는 것을 막기 위해서 구체적인 중국 소수민족 분류를 위하여 1953년 이래로 약 30년간 진행되었던 민족 식별 작업에 의해 진행되었다.

    민족 식별이란 중국 당국이 중국 내 거주하면서도 어떤 민족인지 정확하게 알 수 없는 인간 공동체, 그리고 여러 개의 민족 명칭을 갖고 있는 민족이 실질적으로 어떤 민족인지를 밝히고자 그 민족 성분을 판별하고 분류하며 민족 명칭을 공인한 작업을 가리킨다.

    1949년 중국 건국 당시에 불과 9개 민족만이 중국 정부로부터 공인받았다. 이때 9개 민족은 '몽고족, 회족, 티베트족, 유오이족 이하 '위구르족'이라 지칭, 묘족, 요족, 이족, 조선족한국 재중동포, 만주족'이었다. 1953년부터 1979년까지 55개 소수민족이 판별되었고, 2005년 국무원이 56개 소수민족을 공인하였다.

현재 중국에는 90% 이상을 차지하는 한족 외에도 쫭족, 후이족, 몽골족, 다우르족, 에벤크인, 허저족, 만주족, 시버족, 조선족, 먀오족, 위구르족, 티베트인 등이 있다. 대개 한족들은 소수 민족들이 사는 지역에도 많이 거주하며 많은 소수민족 지역에서는 절반 이상 또는 대다수를 차지하고 있다. 중국 내에 거주하는 소수민족을 보면 다음과 같다.

순위	한국 한글 표기	중국 한글 표기	정체자	인구
1	한족	한족	漢族	1,230,117,207
2	쫭족	족	壯族	16,178,811
3	만주족	만족	滿族	10,682,263
4	후이족/회족	회족	回族	9,816,802
5	먀오족/묘족	묘족	苗族	8,940,116
6	위구르족	위글족	維吾爾族	8,399,393
7	토가족/투자족	토가족	土家族	8,028,133
8	이족	이족	彝族	7,762,286
9	몽골족/몽고족	몽골족	蒙古族	5,813,947
10	티베트족	장족	藏族	5,416,021
11	부이족/포의족	부이족	布依族	2,971,460
12	둥족	동족 / 뚱족	侗族	2,960,293

순위	한국 한글 표기	중국 한글 표기	정체자	인구
13	야오족	요족	瑤族	2,637,421
14	조선족	조선족	朝鮮族	1,923,842
15	바이족	백족	白族	1,858,063
16	하니족	하니족	哈尼族	1,439,673
17	카자흐족	카자흐족	哈薩克族	1,250,458
18	리족	리족	黎族	1,247,814
19	다이족	따이족	傣族	1,158,989
20	서족	써족	畲族	709,592
21	리수족	리수족	傈僳族	634,912
22	거라오족	거로족	仡佬族	579,357
23	둥샹족	동향족	東鄉族	513,805
24	고산족	고산족	高山族	458,000
25	라후족	라후족	拉祜族	453,705
26	수이족	수족	水族	406,902
27	와족	와족	佤族	396,610
28	나시족	나시족	納西族	308,839
29	치앙족	챵족	羌族	306,072
30	투족	토족	土族	241,198
31	무라오족	무로족	仫佬族	207,352
32	시버족	시버족	錫伯族	188,824
33	키르기스족	키르기스족	柯爾克孜族	160,823
34	다우르족	다우르족	達斡爾族	132,394
35	징포족	징퍼족	景頗族	132,143

순위	한국 한글 표기	중국 한글 표기	정체자	인구
36	마오난족	모난족	毛南族	107,166
37	사라족	쌀라족	撒拉族	104,503
38	부랑족	부랑족	布朗族	91,882
39	타지커족	타지크족	塔吉克族	41,028
40	아창족	아창족	阿昌族	33,936
41	푸미족	푸미족	普米族	33,600
42	예벤키족	어원크족	鄂温克族	30,505
43	누족	누족	怒族	28,759
44	징족[9]	경족/징족	京族	22,517
45	지눠족	지노족	基諾族	20,899
46	더앙족	더앙족	德昂族	17,935
47	바오안족	보안족	保安族	16,505
48	러시아족	로씨야족	俄羅斯族	15,609
49	위구족	유고족	裕固族	13,719
50	우즈베크족	우즈베크족	烏孜別克族	12,370
51	먼바족	먼바족	門巴族	8,923
52	어룬춘족	오로첸족	鄂倫春族	8,196
53	두룽족	두룽족	獨龍族	7,426
54	타타르족	타타르족	塔塔爾族	4,890
55	나나이족	허저족	赫哲族	4,640
56	뤄바족	뤄바족	珞巴族	2,965

    그런데 아직 중국에는 정부로부터 독립된 민족으로 인정받지는 못
하였지만, 56개 소수민족 이외에도 민족 정체성을 가진 민족이 있다.
아직 어떤 민족인지 판별되지 않은 민족을 미식별 민족이라 부르고,
한족이나 소수민족으로 포함되어 있지만, 여전히 독립된 민족정체성을
가진 민족들도 있다.

    중국 정부는 소수 민족들이 다른 나라에 병합되거나 독립하는 것
을 막기 위해서 수천 년 전부터 국경 지역, 특히 소수 민족들이 거주하
는 변방에 한족을 이주시키는 정책을 펴고 있다. 그러나 한족 이주 정
책은 해당 지역 소수 민족과의 끊임없는 갈등을 초래하고 있다.

02

소수민족

인구

2019년 인구표본조사에 중국 총인구 중 한족이 12억 5천만 명으로 중국 전체 인구의 89.28%를 차지하며, 한족을 제외한 55개 소수 민족은 약 1억 1,700만 명으로 중국 전체 인구의 약 10.72%를 차지하는 것으로 나타났다.

중국 소수 민족의 인구는 앞장에서 소수민족의 분류표를 보면 알 수 있듯이 쫭족이 16,178,811명으로 가장 많고, 다음으로는 만주족이 10,682,263명으로 다음으로 많다.

중국은 산아제한정책을 실시하고 있지만, 소수민족은 민족마다 다소 차이가 있다. 중국은 소생小生, 아이 적게 낳기, 만육晚育, 아이 늦게 낳기을 기본으로 삼는 산아제한정책을 실시하고 있다. 도시에서는 아이 1명, 지방에서는 아이 2명까지 허락하는 인구정책을 취해 왔다.

하지만 소수민족에게는 그대로 적용하지 않았다. 소수민족은 2명을 낳을 수 있으나 민족의 숫자에 따라 조금씩 달랐다.

인구가 1000만 명 이하의 소수민족은 한 부부가 2명의 자녀를 낳는 것은 허락하였다. 개별적으로 3명을 낳을 수 있으나, 4명은 허용하지 않았다.

중국의 소수민족들은 60여 종의 언어를 사용하고 있으며, 어떤 민족은 거주지에 따라 몇 종의 언어를 함께 사용하는 경우도 있다.

03

소수민족 분포와

면적

중국에는 민족구역자치법에 의거하여 5개 자치구와 30개 자치주, 120개 자치현 및 1100여 개의 민족향이 있다. 이중 민족자치지역은 155개가 있는데, 이를 합친 면적은 646.95만㎢로 중국 전체 면적의 64.3%이다.

중국 소수 민족은 분포 지역이 넓고 점유 면적이 광대하고 주체 민족인 한족과 함께 널리 흩어져 뒤섞여 살고 있다.

중국 소수민족은 직할시, 성, 자치구 각 지역에 거주하고 있다. 그리고 대부분의 현급 단위에 2가지 이상의 민족이 거주하고 있다. 특히 5개 민족자치구를 포함하여 운남성, 귀주성, 청해성, 사천성, 감숙성, 동북3성, 호남성, 호북성, 해남성 등지에 대부분 분포해 있다.

중국의 소수민족은 자신들끼리의 집단적 주거 형태보다는 한족과 더불어 사는 잡거 형태를 유지하고 있다. 예를 들어 옌볜延邊 조선족 자치주는 문자 그대로 조선족을 주체로 한 자치지역이다. 그러나 현재 주

州 전체에는 200여만 명이 거주하고 있는데, 조선족이 80여만 명으로 전체의 40%, 한족이 115만여 명으로 57%, 기타 민족이 3%를 차지하고 있다.

이들 소수민족들이 사는 대부분의 지역은 가스와 석탄 등 천연자원과 삼림, 수력자원이 풍부해 중국이 산업화와 현대화 정책을 추진하는 데 있어 매우 중요한 지역들이다. 또한 이 지역들은 대부분 러시아, 파키스탄, 아프가니스탄, 인도, 베트남, 북한 등 많은 국가들과 접경하고 있는 특수성 때문에 전략적으로도 아주 중요한 의미를 가지고 있다.

04

소수민족의 언어와
문자

중국 소수 민족들은 60여 종의 언어를 사용하고 있는데 어떤 민족은 거주지가 달라서 두 가지 혹은 몇 가지 언어를 함께 사용하고 있다. 이 60여 종의 언어는 5개 어계語系, 10개 어족語族, 16개 어지語支로 나누어진다. 또한 중국 소수 민족의 종교는 매우 다양하다.

중국에는 56개 소수민족이 있지만, 모든 민족이 자민족의 고유한 언어와 문자를 갖고 있는 것은 아니다. 중국 소수민족 중 24개 민족이 문자를 갖고 있고, 현재 33개 종류의 문자가 있다.

현재 중국에서 사용되고 있는 소수민족 문자는 티베트문, 경파문, 합니문, 납서문, 랍호문, 백문, 묘문, 요문, 장문, 포의문, 몽고문, 토가문, 토문, 위구르문, 합살극문, 가이극자문, 석백문 등이다. 그런데 과거에는 사용되었다가 지금은 사용되지 않는 문자는 돌궐문, 거란문, 서하문, 여진문, 파스파문, 만문 등으로 알려졌다.

국가인민위원회에 따르면 현재까지 중국은 이미 몽골문, 티베트문,

위구르문, 합살극문, 가이극자문, 조선문, 이문, 태문 등의 소수민족 문자 키보드, 글자판 등의 국가 표준에 도달하는 문자를 규범화하였다. 국제 표준 최신판 중 기본 문자에 몽골문, 티베트문, 위구르문, 합살극문, 가이극자문, 이문, 태문 등의 문자판이 기록됐다.

현재 중국 소수민족 언어와 문자를 컴퓨터 윈도우 창에서 검색이 가능할 정도로 중국에서는 소수민족 언어와 문자에 관심을 가져왔다. 현재 전자판 시스템 시설과 사무자동화시스템을 개발하였고, 일부 소수민족 문자의 인터넷 사이트도 기초 단계에 있다. 그리고 소수민족 어음 및 문자식별, 번역 등 다양한 서비스를 제공하고 있다.

소수민족

05

소수민족의

복장

    중국 소수민족의 복식은 민족에 따라 다양한 특징을 띤다. 그리고 소수민족이 한족과 섞여 살거나, 오지에 살거나, 다른 민족과의 왕래 정도에 따라 다양한 특색을 띤다. 그리고 역사 변천 과정 중 다른 민족 간의 교류로 다른 민족이지만 공통적인 복식이 나타나기도 한다.

    현재 TV의 보급과 영상의 일반화로 중국의 영향을 받아 소수민족의 남자복식은 한족의 영향을 받은 반면, 여자복식은 자민족의 고유 특징을 갖고 있다. 특히 여자의 모자와 치마, 신발 등에서 각 소수민족의 특징을 엿볼 수 있다. 예를 들어 위구르족과 우즈베크족의 여자 복식은 비슷하며, 몽골족은 몽골의 복식과 유사하고, 만주족은 청대 복식과 유사하다.

    중국의 소수민족은 대체적으로 원색을 선호한다. 이슬람교를 믿는 회족, 동향족, 살랍족 등은 흰색, 검은색, 녹색 등을 숭상하며, 가이극자족에게 붉은색은 즐거움과 행복을 상징하기 때문에 붉은 색 옷을 선호한다. 탑탑이족에게 흰색은 우유와 양떼를 상징하여 흰색 옷을 즐겨 입는다.

위구르족을 비롯하여 서부지역에 거주하는 민족의 장포를 겁번치 아판이라고 부른다. 길이가 무릎을 가릴 정도이다. 겁번은 보통 비단으로 옷을 만들어 입으며, 우즈베크족은 줄무늬의 포를 즐겨 사용여 옷을 만들어 입는다.

희족의 복식은 성별과 연령에 따라 구분한다. 특히 여자들은 혼인과 연령에 따라 엄격한 구분이 있다. 부녀자들은 우선 두발을 정수리에 모아 올려 고정하고 백모를 쓴 후 개두를 한다. 미혼은 개두색이 녹색이고 기혼은 흑색이며, 노년은 백색이다.

묘족의 경우 의복의 색상에 따라 흑묘족, 백묘족, 화묘족 등으로 구분된다. 묘족은 100여 개의 계열이 있고, 복장도 100여 개가 있다고 한다. 그만큼 묘족의 복장이 풍부하고 다양함을 알 수 있다.

혁철족은 물고기의 껍질을 의복 재질로 사용하였다. 그래서 '어피부魚皮部'라 불리기도 하였다. 혁철족은 짐승 가죽을 풍부하게 얻을 수 있어서 이를 이용하여 장포를 만들었다.

몽골족은 지역에 따라 약간의 차이는 있지만, 남녀노소 모두 북방민족의 공통적인 장포 형태인 몽골포몽골 두루마기를 입는다. 몽골포는 치파오와 같으나 지역에 따라 약간 다르다. 동북 지역의 몽골족은 자신들의 전통풍습을 많이 유지하는 편이다.

참고문헌

1) 단행본

- 권경근 외 9인 공저 (2009), 『언어와 사회 그리고 문화』 (도서출판 박이정)

- 김선자, 홍윤희 외 6인 공저 (2017), 『남방실크로드 신화여행(신화, 아주 많은 것들의 시작)』 (아시아)

- 김선자 저 (2004), 『김선자의 중국신화 이야기』 (아카넷)

- 김현자 저 (2013), 『천자의 우주와 신화』 ((주)민음사)

- 서화석 저 (2008), 『의사소통을 위한 언어와 문화의 이해』 (한빛문화)

- 선정규 저 (2013), 『여와의 오색돌 : 중국 문화의 신화적 원형』 (고려대학교출판부)

- 선정규 저 (1996), 『중국신화연구』 ((주)고려원)

- 이인택 저 (2004), 『신화, 문화 그리고 사상』 (울산대학교 출판부)

- 이인택 저 (2018), 『중국신화 그리고 소설』 (울산대학교 출판부)

- 이창호 저 (2019), 『시진핑 위대한 중국을 품다』 (북그루)

- 유안 저, 이석명 역 (2010), 『회남자1』 (소명출판)

- 왕가 저, 김영지 역 (2008), 『습유기』 (지만지)

- 왕일의 『楚辭』 주에서 인용한 『淮南子』

- 전인초 외 3인 공저 (2002), 『중국신화의 이해』 (아카넷)

- 정재서 저 (2014), 『동아시아 상상력과 민족 서사: 신화에서 도교로』 (서울: 이화여자대학교출판부)

- 홍순희 저 (2016), 『대학생의 눈으로 읽는 신화와 문화의 힘』 (계명대학교출판부)

- 伊藤淸司 저, 박광순 역 (2000), 『신이(神異)의 나라 중국의 신화와 전설』 ((주)도서출판 넥서스)

- 譚達選 저 (1985), 『中國古代神話』 「中國神話研究」 (里仁書局)

- 魯迅 저, 조관희 역 (1998), 『중국소설사략』 ((주)살림출판사)

- 篠田耕一 저, 이송은 역 (2000), 『중국 환상세계』 (도서출판 들녘)

- 袁珂 저, 전인초·김선자 역 (1999), 『중국신화전설1, 2』 (민음사)

- 張光直 저 (1984), 『中國靑銅時代』 (木鐸出版社)

- 金榮九 저 (1987), 『中國의神話』 (高麗苑)

- 작자미상, 정재서 역 (1985), 『산해경』 ((주)민음사)

- 林惠祥 저 (1979), 『神話論』(商務印書館)
- 干寶 저, 金秉九 역 (1997), 『수신기(搜神記)』(자유문고)
- 『楚辭』「天問」
- 『路史』의 주에서 인용한 『列子』
- 『路史』의 후기2
- 『山海經』「大荒西經」
- 許慎 저, 『說文解字』
- 呂肖煥. 「中國古代民謠研究」, 『巴蜀書社』, 2006.
- 韋旭升著. 「韋旭升文集(第一卷)」, 『中央編譯出版社』, 2000.
- 權錫煥(韓)陳蒲淸(中). 「韓國古典文學精華」, 『嶽麓書社』, 2006
- 金英今著. 「精編韓國文學史」, 『南開出版社』, 2016.
- 楊昭全. 「韓國文化史」, 『山東大學出版社』, 2009.
- (韓)趙東一等著, (中)周彪 劉鑽擴譯. 「韓國文學論綱」, 『北京大學出版社』, 2003.
- 金哲洙, 薑龍範, 金哲煥主編. 「中國朝鮮族歷史常識」, 『延邊人民出版社』, 1998.
- 中國朝鮮 族音樂研究會編. 「中國朝鮮族音樂 文化史」, 『民族出版社』, 2010.
- 獨立軍保 存會編. 「獨立軍 歌曲集(光復之回聲)」, 『獨立軍保存會』, 1982.
- 趙成日, 權哲. 「中國朝鮮族文學史」, 『延邊人民出版社』, 1990.
- 「中國民間歌曲集成·吉林卷」, 『中國ISBN中心出版』, 1997.
- 郝默然搜集 整理. 「延邊抗日歌謠」, 『春風文藝出版社』, 1962.
- 中國朝鮮 族音樂研究會編. 「中國朝鮮族音樂 文化史」, 『民族出版社』, 2010.
- 王保寧等編. 「中國少數民族現代文學」, 『廣西人民出版社』, 1989.
- 「朝鮮族簡史」編寫組. 「朝鮮族簡史」, 『延邊人民出版社』, 1986.
- 楊昭全, 車哲九, 金春善等著. 「中國朝鮮族革命鬥爭史」, 『吉林人民出版社』, 2007.
- 趙功義, 搜集整理. 「延邊民歌選」, 『春風文藝出版社』, 1980.
- 南熙豐, 劉銀鐘著. 「中國 朝鮮族歌詞文學大 全」, 『延邊大學出版社』, 2004.
- 中國音樂家協會延邊分會編. 「延邊朝鮮族歌曲選」, 『上海文藝出版社』, 1982.
- 延邊朝鮮族自治州文化局歌曲編選小組編. 「延邊歌曲選」, 『吉林人民出版社』,

1976.

- 北京大學朝鮮文化研究所編, 「中國朝鮮民族文化史大系3·藝術史」, 『民族出版社´ 漢城大學校出版部』, 1994.
- 金德均. 「藝術論文集」, 『東北朝鮮民族教育出版社』, 1995.
- 董雲虎著. 「人權基本文獻要覽」, 『遼寧人民出版社』, 1994.
- Gudmundur Alfredsson (瑞), Asborn Eide (挪) 編. 中國人權研究會組織翻譯 : 〈世界 人權宣言〉: 努力實現的共同標準」, 『四川人民出版社』, 1999.
- 盧梭著, 袁浩譯. 「社會契約論」, 『北京理工大學出版社』, 2018.
- (美) 弗洛姆著, 楚晨編譯. 「弗洛姆說愛與自由」, 『華中科技大學出版社』, 2018

2. 인터넷

- 초이스경제뉴스 http://www.choicenews.co.kr
- 두산백과 http://www.doopedia.co.kr
- FTA종합지원센터 http://okfta.kita.net
- 메트로서울 http://www.metroseoul.co.kr
- 한라일보 http://www.ihalla.com
- 교육과정정보센터 http://ncic.go.kr
- 충청투데이 http://www.cctoday.co.kr
- KOTRA http://www.kotra.or.kr
- 위키백과 https://ko.wikipedia.org
- 네이버 지식백과 http://terms.naver.com
- 건설경제신문 www.cnews.co.kr